H·U·M·M·U·S

Köstliche Variationen mit der Kichererbse

Sara Lewis

H·U·M·M·U·S

Köstliche Variationen
mit der Kichererbse

tosa

INHALT

Einführung 6

Klassischer Hummus 34

Hummus-Variationen 62

Hummus-Snacks 90

Mahlzeiten mit Hummus 110

Brote zum Dippen 130

Register 144

Bitte beachten Sie:
- Wenn Sie eine der angegebenen Zutaten in den üblichen Fachgeschäften nicht finden, können Sie diese im Internet über den Fachhandel erwerben.
- Die angegebenen Backtemperaturen gelten für Backöfen mit Ober- und Unterhitze. Wenn Sie mit Umluft backen, muss die Temperatur um 20 Grad reduziert werden (Beispiel: 180 °C Ober- und Unterhitze = 160 °C Umluft). Generell gilt, dass die Heizleistung von Backöfen trotz gleicher Temperatureinstellung variieren kann, je nach Hersteller und Modell.
- 1 TL (Teelöffel) = ca. 5 g
  1 EL (Esslöffel) = ca. 10 g
- Die Nährwertangaben unter den Rezepten beziehen sich jeweils auf eine Portion. Wenn das Rezept einen Mengenbereich angibt, z. B. für 4–6 Personen, dann gelten die Angaben für die kleinere Menge, also in unserem Beispiel für 6.

Einführung

Hummus, Hommos oder Hommus ist eine Creme aus Kichererbsen, die seit Jahrhunderten im Orient als bäuerliches Grundnahrungsmittel hergestellt wird. Im Arabischen kennt man ihn als **hummus bi tahini**, was ganz wörtlich als „Kichererbsen mit Tahini" übersetzt werden kann, den beiden Hauptzutaten, aus denen Hummus besteht. Tatsächlich werden hier Kichererbsen, manchmal auch Garbanzo-Bohnen genannt, mit Tahini vermischt, einer Paste aus Sesamsaat, und dann mit frischem Zitronensaft angereichert, bis sich ein weicher und sehr glatter Dip ergibt, den man wunderbar löffeln kann.

Es war die große Journalistin und Kochbuchautorin Elizabeth David, die in den 1950ern in England erstmals über Hummus geschrieben hat, doch erst seit den 1980ern ist er auch in einem normalen Supermarkt zu finden. Seine Beliebtheit nahm zu, als immer mehr Briten Auslandsreisen zu machen begannen – und mit der Zeit entwickelte sich die ausgefallene Paste mit dem leichten „Hippie-Touch" zu einem Allgemeingut, das zumindest gelegentlich in den meisten Kühlschränken anzutreffen ist. Allein in Großbritannien werden laut Schätzungen 12 000 Tonnen Hummus im Jahr konsumiert und in den USA gehen noch weit größere Mengen über den Ladentisch.

Traditionell nur mit ein paar Tropfen Olivenöl und ein wenig Paprika gewürzt, bekommt man Hummus inzwischen maßgeschneidert mit allen nur erdenklichen Zutaten – rote Zwiebeln, frische grüne Kräuter oder Piri Piri – und sogar mit anderen Gemüsesorten wie gebratenen roten Paprikaschoten, Favabohnen oder Avocados vermischt. In den USA kann man ihn sogar mit Erdnussbutter- und Schokoladengeschmack kaufen, denn immer schon wurde Hummus in jedem Land, das ihn entdeckt hat, an die eigenen Geschmäcker und Gewohnheiten angepasst und entsprechend abgewandelt.

Hummus schmeckt nicht nur vorzüglich, sondern gilt auch als sehr gesund: Als kalorienarme Kost geht er zwar nicht durch, aber er ist reich an „guten Kohlenhydraten", die nur langsam verdaut werden und daher das Sättigungsgefühl verlängern, und überdies ist er eine gute Proteinquelle und enthält wenig Fett.

Im Orient stellen die meisten Familien ihren Hummus selber her und auch Sie können ihn leicht bei sich zu Hause anrühren – das cremig-glatte Ergebnis schmeckt sicher besser als fertig gekauft. Auch wissen Sie dann genau, was drin ist, können nach Belieben das Salz reduzieren und müssen keine Angst vor verborgenen Konservierungsstoffen zur Verlängerung der Haltbarkeit haben.

Rechts: Hummus ist nicht nur ein Appetizer oder Dip, sondern auch eine wundervolle Grundlage für gewürztes Fleisch oder Gemüse in einem Hauptgericht.

Normalerweise wird Hummus mit getrockneten Kichererbsen gemacht, die über Nacht in kaltes Wasser eingeweicht und anschließend gekocht werden, aber wenn Ihnen das lieber ist, bieten Dosen-Kichererbsen eine schnelle und leicht zugängliche Alternative. Die gekochten Kichererbsen werden im Rührgerät oder mit dem Stabmixer püriert und dann mit Knoblauch, Kreuzkümmel oder Ihren persönlichen Lieblingszutaten gewürzt. Sie können ruhig ein wenig mit dem Basisrezept herumtüfteln und etwa mehr Zitronensaft oder weniger Tahini nehmen, oder auch extra Olivenöl oder geschmolzene Butter und sogar einen Klecks Joghurt für einen leichteren Geschmack zugeben. Beginnen Sie mit den Mengen, die in den Rezepten vorgeschlagen werden, und wenn Sie herausgefunden haben, welche Zutaten Sie am liebsten mögen, stocken Sie nach und nach auf. Vergessen Sie aber nicht, dass man eine Zutat nicht mehr herausnehmen kann, wenn sie mal drin ist, daher beschränken Sie sich auf kleine Mengen, die Sie nach und nach steigern, und schmecken Sie regelmäßig ab.

Hummus ist jedenfalls viel mehr als nur ein Dip. Servieren Sie ihn auf einem Teller als Grundlage für Fleischklößchen, Grillspieße oder geschmorte Tajines und Eintöpfe, ähnlich wie Sie etwa Reis oder Kartoffelpüree zum Hauptgericht reichen würden. Streichen Sie ihn statt Butter aufs Brot und statt Frischkäse auf Bagels, oder mischen Sie ihn mit ein wenig extra Olivenöl oder Wasser und ersetzen damit Mayonnaise oder sahnige Salatdressings. Streichen Sie ihn auf Blätterteig und belegen ihn anschließend mit gebratenem Gemüse, oder rollen

Sie ihn statt des traditionelleren Frischkäses in Filoteig für ein perfektes Börek. Hummus kann als eigene Schicht ein Sandwich oder einen Tortilla-Wrap verfeinern, man kann ihn mit Fisch im Ofen braten und sogar in Muffins einbacken. Kein Wunder, dass Hummus nicht nur in der Vergangenheit heißgeliebt war, sondern auch als Health Food der Zukunft gelten kann!

Links: Hummus wird traditionell mit Knoblauch, Salz und Cayennepfeffer gewürzt und mit Olivenöl und Zitronensaft beträufelt.

Hummus und seine Geschichte

Ob Israelis, Ägypter, Syrer, Libanesen, Griechen oder Türken – jede Nation im Nahen Osten und im östlichen Mittelmeerraum scheint seit Hunderten oder gar Tausenden von Jahren Hummus zu essen und als ureigenes Nahrungsmittel zu beanspruchen. Meist wird er in dieser Region, die teils auch als die Levante bezeichnet wird, als Bestandteil einer Mezze-Platte oder einer Reihe von Kleingerichten serviert. Der mit Olivenöl beträufelte Hummus findet sich hier in guter Nachbarschaft mit Gerichten wie Falafel oder dem Auberginenpüree Baba Ghanoush, dem joghurtbasierten Cacik oder einem Tabbouleh-Salat, was nur eine kleine Auswahl an beliebten Häppchen ist. Hummus wird aber auch zum Hauptgang serviert, etwa auf einen Teller gestrichen und dann mit einem Schmorgericht oder Grillspießen mit Fleisch und Fisch belegt.

Eine frühe Erwähnung von Hummus findet sich im 13. Jahrhundert in Kairo, Ägypten, wo er in einem Rezept mit der Bezeichnung *hummus kasa* mit Essig angerührt wird – und ohne Zitrone oder Knoblauch auskommt. Ein syrisches Kochbuch aus derselben Zeit hingegen enthält ein Rezept mit pürierten Kichererbsen und Zitronen. Doch erst im 18. Jahrhundert findet sich in Damaskus ein Rezept für „Hummus bi Tahini", das Tahini mit Kichererbsen kombiniert.

Fügen Sie ein wenig extra Zitronensaft und Wasser hinzu, dann wird Hummus zu einem tollen Dressing.

Hummus ist in Israel so beliebt, dass es Lokale gibt, die sich darauf spezialisiert haben!

Hummus wird traditionell als Teil einer Mezze serviert, einer Auswahl von kleinen, würzigen Gerichten.

Auch wenn die Ursprünge nicht mehr klar zurückverfolgt werden können, Fakt ist, dass die essentiellen Zutaten von Hummus im Orient schon seit Tausenden von Jahren angebaut werden. Kichererbsen wurden sogar schon in archäologischen Ausgrabungen entdeckt und man kann wohl davon ausgehen, dass sie schon vor etwa 10 000 Jahren gegessen wurden. Auch wissen wir, dass Sesamöl in Mesopotamien bereits 2500 v. Chr. hergestellt wurde, und auch Knoblauch wird schon in den alten Pyramiden von Gizeh erwähnt. Jedes Land, das Hummus für sich adaptiert hat, begann schon bald, ihn nach seinem eigenen Stil abzuwandeln, aber alle sind sich jedenfalls einig, dass er mit Kichererbsen, Tahini und Zitronensaft anzurühren ist. Manche Länder fügen Knoblauch, andere Kreuzkümmel hinzu, und die meisten servieren ihn mit Olivenöl beträufelt. In der Türkei reicht man ihn mit geschmolzener Butter oder in Butter gebratenem Knoblauch – und andernorts fügt man Joghurt für eine lockere Textur hinzu. In Israel ist Hummus so populär, dass es spezielle „Hummusias" gibt, kleine Lokale, die auf Hummus spezialisiert sind, und die Frage, welches Lokal die beste Version kreiert, ruft regelmäßig heiße Debatten hervor. Bei einem so umworbenen Gericht ist daher die ausschlaggebende Frage nicht, wo es herstammt, sondern wie man eine besonders leckere Version davon herstellen und genießen kann!

Linke Seite: Hummus kann nach Belieben gewürzt werden, besonders beliebt ist eine Prise Cayenne- oder schwarzer Pfeffer mit Olivenöl als Beigabe.

Randvoll mit Gesundheit

Hummus ist nicht nur ein kulinarischer Genuss, sondern auch Quelle von jeder Menge wertvollen Nährstoffen. So ist er ein exzellenter Proteinlieferant, vor allem für Vegetarier. Protein gehört zu den essentiellen Grundbausteinen, die für die Gesundheit von Knochen, Muskeln, Haut und Blut wichtig sind. Und es ermöglicht uns, uns nach einer Portion Hummus satt und zufrieden zu fühlen.

Getrocknete Hülsenfrüchte, zu denen auch Kichererbsen gehören, enthalten drei Verbindungen – Saponine, Protease-Inhibitoren und Phytinsäure –, von denen angenommen wird, dass sie eine zellschützende Wirkung haben und so auch den Schutz vor Krebs verbessern können.

Kichererbsen sind reich an Ballaststoffen, die nicht nur unseren Verdauungstrakt in guter Ordnung halten, sondern auch das Wachstum von guten Bakterien im Verdauungssystem, vor allem im Dickdarm, befördern. Ballaststoffe gehören auch zur Nahrungsgruppe der Kohlenhydrate. Diese komplexen Stoffe, oft auch „gute Kohlenhydrate" genannt, werden nur langsam verdaut, sodass sie dazu beitragen können, Hungerattacken zu bekämpfen und den Zuckerspiegel auszugleichen, womit sich auch Stimmungsschwankungen vermeiden lassen. Überdies können die Ballaststoffe in Kichererbsen auch helfen, die Cholesterinwerte zu senken.

Kichererbsen sind fettarm und auch wenn Hummus wegen der Tahini und des Olivenöls kleine Mengen Fett enthält, sind dies vor allem einfach ungesättigte Fettsäuren. Und sowohl Kichererbsen als auch Tahini enthalten Kalzium, was zur Knochengesundheit beiträgt. Kinder brauchen Kalzium, weil ihr Skelett noch im Wachsen ist, aber ebenso wichtig ist es für Senioren, um ihre Knochengesundheit zu erhalten und Osteoporose zu verhindern.

Darüber hinaus enthalten Kichererbsen und Tahini kleine Mengen Eisen, das der Körper benötigt, um die roten Blutkörperchen mit Sauerstoff zu versorgen. Auch finden sich darin Spuren von anderen Vitaminen und Mineralien – Folate, Vitamin A, Thiamin, Riboflavin, Niacin und Vitamin B6.

Nicht zuletzt ist es wichtig, dass Sie bei Ihrer Ernährung die Menge an Salz und Natrium im Blick behalten, die Sie verbrauchen. Wenn Sie Ihren eigenen Hummus herstellen, bedeutet das auch, dass Sie genau wissen, wie viel Salz darin ist. Der Salzgehalt kann auch noch weiter reduziert werden, indem man stattdessen stärkere Aromen wie Kräuter, gebratenes Gemüse, Gewürze und Knoblauch verwendet.

Rechts: Hummus passt perfekt zu einem gesünderen Lebensstil und einer entsprechenden Kochweise. Kichererbsen sind lange haltbar und auch noch günstig, und sie können jederzeit in ein vielseitiges Gericht verwandelt werden, das viel mehr als nur ein Dip ist.

Die mediterrane Ernährung

Hummus ist Teil der mediterranen Diät, die schon seit langem als ausgesprochen gesund gilt. Sie ist reich an Gemüse, Hülsenfrüchten, Obst, Nüssen und Olivenöl sowie gemäßigten Mengen von Fisch und Fleisch, und man kann wohl davon ausgehen, dass ein Umstieg auf die mediterrane Küche viele Herzkrankheiten verhindern würde.

Glutenfrei

Alle Zutaten in selbstgemachtem Hummus sind auch glutenfrei, auch wenn das Brot, mit dem er üblicherweise serviert wird, es leider nicht ist. Suchen Sie sich stattdessen ein passendes Gemüse zum Dippen aus oder kaufen Sie spezielles Brot ohne Gluten. Oder stellen Sie es einfach selbst her: Auf Seite 140 finden Sie ein einfaches glutenfreies Fladenbrot aus Kichererbsen- und Reismehl.

Milchfrei

Hummus ist für eine milchfreie Diät geeignet, vorausgesetzt, dass Sie weder Butter noch Joghurt hinzufügen oder Letzteres durch einen milchfreien Joghurt ersetzen. Wenn im Rezept Butter zum Beträufeln des Hummus benutzt wird, ersetzen Sie sie einfach mit 1–2 Esslöffeln Olivenöl.

Vegetarisch und vegan

Hummus passt perfekt in eine vegetarische oder vegane Diät, bei der weder Fleisch noch Fisch auf dem Speiseplan stehen. Für Veganer sind auch Butter und Joghurt verboten, aber Olivenöl ist immer eine geschmack- und gehaltvolle Alternative.

Nussfrei

Keines der Rezepte in diesem Buch wird mit Erdnüssen gemacht, obwohl ein paar Rezepte sehr wohl eine Mischung anderer Nüsse enthalten. Bitte lesen Sie die Rezepte sorgfältig, um ganz sicherzugehen, dass sie für Sie geeignet sind.

Paleo-Diät

Oft auch Steinzeiternährung genannt, geht diese kohlenhydratarme Ernährungsweise zurück auf die Grundlagen, als die Menschen noch als Jäger und Sammler lebten. Selbstgemachter Hummus passt hier perfekt, denn er ist zu Hause frisch angerührt, ohne Zusätze oder Konservierungsstoffe, und wird üblicherweise mit einer Mischung aus Gemüse oder Fleisch serviert. Raffiniertes Weißmehl ist hier vom Speiseplan gestrichen, ebenso künstlich hergestellte Fette wie Margarine.

Links: Mit gebratener Paprika serviert, auf Wraps gestrichen oder mit Kräutern bestreut: Ein Kichererbsen-Dip ist unglaublich vielseitig.

Alles über Kichererbsen

Hummus wird traditionell aus getrockneten Kichererbsen gemacht, die manchmal auch unter der Bezeichnung Garbanzo-Bohnen laufen. Sie sind frei von Konservierungsstoffen und in Supermärkten, Bioläden und Reformhäusern günstig und küchenfertig zu kaufen, und aufgrund der langen Haltbarkeit stellen sie eine tolle Reserve in der Vorratskammer dar. Bei erfahrenen Köchen gibt es zwei verschiedene Lager: Die Puristen sind der Ansicht, man dürfe Hummus nur mit getrockneten Kichererbsen zubereiten, während modernere Köche zugestehen, dass Schnelligkeit und Komfort zuliebe auch Dosenfrüchte zum Zuge kommen dürfen. Wir finden: Beides funktioniert wunderbar!

EINWEICHEN IST DAS A UND O

Getrocknete Kichererbsen müssen vor dem Kochen in Wasser eingeweicht werden. Es dauert nur ein paar Minuten, die getrockneten Kichererbsen in eine Schüssel zu geben und mit viel kaltem Wasser zu bedecken, dann lässt man sie einfach über Nacht oder mindestens 8 Stunden stehen. Manche Rezepte geben genaue Wassermengen an, die man zu den Kichererbsen geben soll, aber das ist eigentlich gar nicht so wichtig: Merken Sie sich einfach, dass Sie etwa dreimal so viel Wasser wie getrocknete Kichererbsen benötigen, sodass sie großzügig mit Flüssigkeit bedeckt sind. Und vergessen Sie nicht, die Schüssel mit einem Teller oder Frischhaltefolie abzudecken, bevor Sie sie an einen kühlen Ort oder bei ausreichend Platz in den Kühlschrank stellen.

Links: Unterziehen Sie die getrockneten Kichererbsen einer Auslese, bevor Sie sie in Wasser einweichen, und sortieren Sie alle farblosen aus.

WIE MAN DIE KICHERERBSEN KOCHT

Am nächsten Tag gießen Sie die jetzt aufgequollenen Kichererbsen in ein Küchensieb ab und schütten sie dann in einen großen Topf, bedecken sie mit kaltem Wasser und bringen sie zum Kochen. Schöpfen Sie den sich bildenden Schaum mit einem Löffel ab und lassen Sie die Hülsenfrüchte leicht köcheln, bis sie weich sind. Das kann bis zu 2 Stunden dauern, denn die Kichererbsen sollen so weich sein, dass Sie sie zwischen Daumen und Zeigefinger zerquetschen können.

Die Kochprozedur kann durch einen altehrwürdigen Trick beschleunigt werden, indem man dem Kochwasser Natron hinzufügt. Das hindert das Kalzium in hartem Leitungswasser daran, an dem Pektin in den Zellwänden der Kichererbsen anzuhaften. Die Zugabe von Natron alkalisiert den PH-Wert des Wassers, und das wiederum ermutigt die Pektine, sich abzugrenzen, was die Kichererbsen weich werden lässt. Man braucht nur ¼ TL Natron auf 1 Liter Wasser für 100 g Trockengewicht Kichererbsen, um sie weich zu machen.

Viele Köche fügen gerne größere Mengen Natron hinzu, und manche plädieren sogar dafür, auch welches zum Einweichwasser zu geben. Doch seien Sie gewarnt, denn zu viel Natron wird den gekochten Kichererbsen einen seifigen Geschmack verleihen. Es ist alles eine Sache der Balance, daher nehmen Sie gerade genug Natron, um die Kochzeit zu verkürzen, aber achten Sie darauf, dass die Menge nicht auf Kosten des Geschmacks geht.

Selbst bei Zugabe von Natron wird die Kochzeit der Kichererbsen immer noch variieren – je nach Größe und Alter. Je älter die Kichererbsen, desto länger werden sie brauchen, bis sie weich sind. Und wie bei anderen getrockneten Hülsenfrüchten darf erst am Ende der Kochzeit Salz hinzugefügt werden, da die Kichererbsen sonst zäh werden.

In manchen Rezepten wird behauptet, dass man die Kichererbsen schälen muss. Die meisten von uns würden nicht mal bemerken, dass sie überhaupt Schalen haben, und die Vorstellung, sie schälen zu müssen, klingt nach einer ziemlich kniffeligen Angelegenheit. Während der langen Kochzeit, die für Hummus nötig ist, lösen sich natürlich von einigen Kichererbsen die Schalen von alleine ab, aber trotzdem würden immer noch viel zu viele übrig bleiben, die man mühevoll ablösen müsste. Es ist zwar grundsätzlich richtig, dass geschälte Kichererbsen einen besonders glatten und feinen Hummus ergeben, aber wenn Sie nicht gerade planen, an einem Hummuswettbewerb teilzunehmen oder einen raffinierten Geschmacksvergleich zu machen, ist es die Zeit und Mühen nicht wert, und aller Wahrscheinlichkeit nach würden Ihre Gäste den Unterschied gar nicht bemerken. Übrigens, auch wenn Sie zwischendurch abgelenkt werden und die Kichererbsen ein wenig länger kochen als geplant, ist es kein Drama, wenn einige von ihnen aufplatzen, denn sie werden ja sowieso püriert.

HUMMUS PÜRIEREN

Moderne Köche würden gar nicht auf die Idee kommen, Hummus ohne Mixer oder Küchenmaschine herzustellen. Legen Sie die Metallklinge ein, fügen Sie dann einfach die abgegossenen gekochten Kichererbsen und die Aromen in den angegebenen Mengen hinzu und pürieren Sie das Ganze 2–3 Minuten lang, bis sich eine glatte, sämige Masse ergibt. Kosten Sie dann und fügen Sie die Tahini, den Zitronensaft oder den Knoblauch hinzu. Wenn Ihr Hummus ein wenig grobkörnig aussieht, gießen Sie nach und nach extra Wasser hinzu und pürieren Sie wieder, bis der Hummus richtig weich ist und eine cremige, gut rührbare Textur aufweist. Wenn Ihr Mixer nicht robust genug ist oder Sie nur einen Stabmixer haben, können Sie auch zuerst die Tahini, den Zitronensaft und ein wenig Koch- oder frisches Wasser mixen, um eine lockere Tahini zu erlangen. Fügen Sie dann erst die gekochten Kichererbsen hinzu und schlagen Sie alles sämig, unter Zugabe von ein wenig Wasser, falls benötigt.

Oben: Getrocknete Kichererbsen vor dem Gebrauch immer in viel kaltem Wasser einweichen, idealerweise über Nacht oder mindestens 8 Stunden.

MENGENANGABEN

getrocknete Kichererbsen	gekochte Kichererbsen	Hummus
100 g	200–225 g	275 g
200 g	400–450 g	525 g
300 g	600–675 g	800 g

DIE RICHTIGE TEXTUR

Wenn die gekochten Kichererbsen mit Tahini und Zitronensaft aromatisiert sind, werden Sie für eine cremig-glatte Textur ein wenig extra Flüssigkeit benötigen. Manche Köche plädieren vehement dafür, ein wenig von dem Wasser zu benutzen, in dem die Kichererbsen gekocht wurden, andere wiederum meinen, dass nur Eiswasser gut geeignet ist. Wenn Sie Natron ins Kochwasser gegeben haben, kann das den Geschmack etwas verändern, vor allem bei großzügigeren Mengen, und daher eignet sich dieses Wasser eher nicht als Beigabe zu dem fertigen Hummus. Wasser ohne oder mit nur einer geringen Menge Natron ist jedoch gut verwendbar. Wie auch immer, verfahren Sie ganz nach Ihrem persönlichen Geschmack, denn beide Optionen funktionieren gut. Olivenöl-Fans können auch 1–2 Esslöffel von selbigem mitpürieren und am Schluss ein paar Tropfen davon darüber träufeln. Für eine lockere Textur kann auch ein wenig griechischer Joghurt in den Hummus püriert werden, vielleicht dann mit ein bisschen weniger Wasser.

KANN ICH EINEN SCHNELLKOCHTOPF VERWENDEN?

Ja, aber informieren Sie sich mit Hilfe Ihres Handbuchs unbedingt über Mengenverhältnisse bei Kichererbsen und Wasser sowie über Kochzeiten. Weichen Sie die angegebene Menge von getrockneten Kichererbsen in viel kaltem Wasser über Nacht ein, gießen Sie sie dann ab und geben Sie sie mit frischem Wasser in den Schnellkochtopf, wie in Ihrem Handbuch beschrieben. Verschließen Sie den Topf fest mit dem Deckel und warten Sie, bis der Druck im Topf steigt, dann reduzieren Sie die Hitze, aber erhalten Sie den Druck und stellen die Zeit auf 15 Minuten oder die Zeit, die das Handbuch vorgibt. Dampfen Sie dann ab, indem Sie den Druck nachlassen und einfach nach und nach den Dampf entweichen und den Schnellkochtopf anschließend etwa 10 Minuten abkühlen lassen. Dann gießen Sie die Kichererbsen in ein Abtropfsieb (das Kochwasser aufsparen, wenn Sie möchten) und lassen sie vor dem Pürieren abkühlen.

KANN MAN GEKOCHTE KICHERERBSEN EINFRIEREN?

Da getrocknete Kichererbsen nach dem Einweichen noch eine gute Weile gekocht werden müssen, macht es Sinn, eine größere Menge als benötigt einzuweichen und zu kochen. Verdoppeln oder verdreifachen sie die Menge Kichererbsen, von 100 g auf 200 g oder sogar 300 g getrocknete Kichererbsen. Die Einweich- und Kochzeit bleibt dieselbe, sodass Sie einfach Zeit für später sparen.

Nach dem Kochen und Abgießen halbieren oder vierteln Sie die Menge der Kichererbsen. Sollten Sie vergessen haben, mit welcher Menge an Kichererbsen Sie begonnen haben: 100 g getrocknete Kichererbsen ergeben eine Menge von 200–225 g gekochte Kichererbsen. Packen Sie die gekochten Hülsenfrüchte dann in Plastiktüten, lassen Sie die Luft entweichen, versiegeln und beschriften Sie dann die Tüte. Gekochte Kichererbsen können Sie bis zu 6 Wochen einfrieren. Nachdem Sie sie aus dem Eisfach genommen haben, lassen Sie sie dann bei Raumtemperatur etwa 3–4 Stunden auftauen, abhängig auch von der Größe der Tüte.

Links: Sie können auch eine große Menge Kichererbsen einweichen, kochen und anschließend portionsweise in Plastiktüten einfrieren; wenn benötigt, nehmen Sie sie einfach aus dem Kühlfach und lassen sie auftauen.

Rechte Seite, von oben nach unten: Auch andere Hülsenfrüchte kann man auf diese Art und Weise einweichen und pürieren, um sie zu einer interessanten Hummus-Variante zu verarbeiten – versuchen Sie es zum Beispiel mit Cannellini-Bohnen, Borlotti-Bohnen oder schwarzen Bohnen.

ICH HABE VERGESSEN, DIE KICHERERBSEN EINZUWEICHEN!

Es ist zwar ratsam, getrocknete Kichererbsen über Nacht in Wasser einzuweichen, aber man kann die Einweichzeit auch mal reduzieren, wenn man es am Abend einfach vergessen hat. Gehen Sie wie folgt vor: Die getrockneten Kichererbsen in einen Topf geben und mit reichlich Wasser bedecken. Dann die Kichererbsen zum Kohen bringen und eine Minute auf großer Flamme sprudeln lassen. Dann nehmen Sie den Topf vom Herd, setzen den Deckel auf und lassen die Kichererbsen eine Stunde abkühlen. Anschließend das Wasser abgießen, frisches Wasser zugeben und zusammen mit ein wenig Natron zum Kochen bringen, immer wieder Schaum abschöpfen und köcheln lassen, bis sie so weich sind, wie im Rezept angegeben. Wenn auch hierzu die Zeit nicht reicht, dann machen Sie einfach eine Dose auf – oder auch zwei!

WIE IST DAS MIT KICHERERBSEN AUS DER DOSE?

In Salzwasser eingelegte Kichererbsen aus der Dose sind eine schnelle und günstige Alternative zu den getrockneten, die man erst selbst kochen muss. Da sie weder Einweichen noch Kochen benötigen, sind Dosen-Kichererbsen blitzschnell gewürzt und püriert, sodass man in nur 10 Minuten einen fertigen Hummus und damit einen gesunden Mittagssnack auf den Tisch bringt. Die 400-g-Dose Kichererbsen ergibt 240 g Abtropfgewicht.

WAS IST MIT ANDEREN HÜLSENFRÜCHTEN?

Wir glauben zwar im Allgemeinen, dass Hummus nur mit Kichererbsen gemacht werden kann, aber in Wirklichkeit kann man genauso getrocknete Schälerbsen, Cannellini-Bohnen oder schwarze Bohnen verwenden. Genau wie die Kichererbsen werden sie in viel kaltem Wasser über Nacht eingeweicht und dann ohne Natron etwa 1 Stunde in Wasser weich gekocht. Sie können es auch mit Mungobohnen versuchen; diese sehr kleinen grünen Bohnen müssen ebenfalls über Nacht eingeweicht werden, brauchen dann aber nur 30 Minuten zum Kochen.

Wenn Sie getrocknete rote Kidneybohnen verwenden, kochen Sie die Bohnen etwa 10 Minuten sprudelnd, um schädliche Toxine zu zerstören, und köcheln Sie sie dann sanft weiter, bis sie weich sind. Dies sind allerdings die einzigen getrockneten Bohnen, bei denen ein vorheriges schnelles Kochen notwendig ist.

Wie man Tahini macht

Traditionell können Sie Hummus nicht ohne Tahini herstellen. Diese feine Paste aus Sesamsamen ist in Gläsern in allen Orientläden oder Reformhäusern erhältlich und existiert in einer helleren und einer dunkleren Version. Die helle, leichtere Version ist mit enthülsten Sesamsamen gemacht, die eine weißliche Färbung und ein milderes Aroma haben. Sesamsamen sind gesund – sie haben mehr Protein als Milch und die meisten Nüsse, ebenso wie B-Vitamine, die Energie und Gehirnfunktionen ankurbeln, Vitamin E, das vor Herzkrankheiten und vor Schlaganfall schützen kann, und sie sind reich an den essentiellen Mineralien Magnesium, Eisen und Kalzium.

Wenn Sie einen Mixer oder eine Küchenmaschine haben, ist Tahini mit Sesamsamen und ein wenig Olivenöl schnell und einfach zu Hause herzustellen. Sie wird in Glasgefäßen aufbewahrt, wo mit der Zeit das Öl nach oben steigt und die dicke Sesampaste nach unten auf den Boden sinkt, weshalb es wichtig ist, die Paste vor dem Gebrauch umzurühren.

Tahini schmeckt auch großartig zu Wok-Gerichten oder in Smoothies und Smoothie Bowls gemischt, etwa statt eines Löffels Nussbutter. Mischen Sie Tahini mit Zitronensaft, ein wenig Wasser und fein gehacktem Knoblauch für ein leichtes Salatdressing, oder streichen Sie sie auf Toast und beträufeln sie mit Honig, Dattelsirup oder Granatapfelmelasse für einen wunderbar süßen Mittelmeer-Snack. Tahini ist auch die Basis von Halva – eine Süßigkeit von mürber Konsistenz, die an Nougat erinnert und in zerbröckelter Form mit Schlagsahne und Joghurt als Eiskrem-Ersatz serviert werden kann, oder auch als exotischere Variante von Eton Mess.

Rezept für 125 g Tahini:

1. Je nachdem, ob Sie eine leichtere oder eine stärkere Tahini-Variante erzielen wollen, entscheiden Sie sich für enthülste hellere oder dunklere Sesamsamen und messen 100 g ab.

2. Die Samen in eine Bratpfanne geben und unter häufigem Schütteln auf mittlerer Hitze rösten, bis sie goldbraun sind. Die Hitze nicht zu hoch einstellen, da die Samen sonst ähnlich wie Popcorn aus der Pfanne springen. 10 Minuten abkühlen lassen.

3. Die geröstete Sesamsaat in einen Mixer geben, den Deckel aufsetzen und dann die Samen grob mahlen.

4. Langsam 90 ml Olivenöl einträufeln lassen und zu einer glatten Paste pürieren.

5. Weiterhin sämig schlagen und dabei mit einem Teigspatel die Masse an den Innenseiten des Mixers nach unten schieben.

6. Die Tahini in ein Gefäß füllen und mit einem Deckel verschließen. Die fertige Sesampaste kann bis zu einer Woche im Kühlschrank aufbewahrt werden.

Energie 664 kcal/2779 kJ; Protein 23,4 g; Kohlenhydrate 0g – davon 0 g Zucker; Fett 62,5 g – davon 7,8 g gesättigt; Cholesterin 0 mg; Kalzium 0 mg; Ballaststoffe 0 g; Natrium 0 mg

Zitrone, Öl, Würzmittel

Wenn Sie Ihren eigenen Hummus herstellen, kommt es auf die richtige Mischung und Würze an, damit Sie am Ende die für Ihren Geschmack passende Aromenkombination erzielen. Geben Sie jede Zutat erst nach und nach hinzu, da Sie die Menge im Nachhinein nicht mehr reduzieren können.

ZITRONE
Verwenden Sie frisch gepressten Zitronensaft, wenn Sie Ihrem Hummus eine besonders frische Note verleihen wollen. Zitronensaft in Flaschen hat einfach nicht dieselbe Intensität. Bewahren Sie die Zitronen bei Zimmertemperatur auf, sodass Sie die maximale Menge Saft herauspressen können. Nehmen Sie zunächst nur den Saft einer halben Frucht und entfernen Sie vorher alle Kerne. Dann kosten Sie und wenn nötig können Sie immer noch ein wenig mehr Zitronensaft zugeben.

OLIVENÖL
Viele Menschen glauben, dass Hummus jede Menge Olivenöl enthält, dabei ziehen Traditionalisten es vor, nur eine bescheidene Menge Öl über den fertigen Hummus zu träufeln, statt es schon beim Mixen einzugießen. Kaufen Sie jedenfalls das beste Olivenöl, das Sie bekommen können, da billiges Pflanzen- oder Sonnenblumenöl einfach nicht dasselbe Aroma verleiht. Ähnlich wie beim Wein variiert der Geschmack von Olivenöl je nach der Region, wo es herkommt. Wählen Sie nach Möglichkeit kaltgepresstes Öl mit der Bezeichnung „natives Olivenöl extra". Dies bedeutet, dass das Öl so natürlich wie möglich ist und höhere Mengen an einfach ungesättigten Fettsäuren, Polyphenolen und Antioxidantien enthält – ein zusätzlicher Vorteil für die Gesundheit.

WÜRZMITTEL
Genau wie beim Zitronensaft, geben Sie zu Beginn nur ein wenig Salz und Cayennepfeffer hinzu, kosten dann und passen die Würze nach dem Mixen des Hummus nach und nach an. Traditionell findet ein wenig gemahlener Kreuzkümmel, Cayennepfeffer oder Paprika Anwendung, um den Geschmack zu intensivieren.

KNOBLAUCH JA ODER NEIN?
Die Meinungen darüber gehen auseinander. Puristen ziehen es vor, keinen Knoblauch hinzuzufügen, sondern stellen den Gästen ein wenig Knoblauchsoße zum Einrühren auf den Tisch; andere Köche wiederum meinen, Knoblauch sei essentiell und müsse dem Hummus unbedingt schon beim Mixen beigegeben werden. Auch dies ist wieder eine ganz persönliche Entscheidung.

Wie man Hummus macht

Ihren eigenen Hummus herzustellen ist weder schwierig noch zeitaufwendig, und das Einzige, was Sie nicht vergessen dürfen, ist, die getrockneten Kichererbsen über Nacht in kaltes Wasser einzuweichen. Am nächsten Tag gießen Sie sie einfach ab, geben sie mit viel Wasser in einen Topf und lassen sie köcheln. Es kann ganz schön lange dauern, bis die Kichererbsen weich sind, aber Sie müssen nicht die ganze Zeit dabei stehen, sondern können in der Zwischenzeit andere Aufgaben im Haus erledigen. Am Schluss werden sie einfach im Mixer zusammen mit Gewürzen zu einem glatten Püree gerührt – das war's! Dies ist die Grundmethode, benutzen Sie immer die Mengen, die im jeweiligen Rezept angegeben werden (für das klassische Hummus-Rezept siehe Seite 36).

TIPP
Wenn der Hummus fertig ist, in einen Behälter füllen und mit einem Deckel verschließen. Er kann bis zu 3 Tagen im Kühlschrank aufbewahrt werden.

1. 100 g getrocknete Kichererbsen in eine große Schüssel geben, kaltes Wasser darüber gießen, um die getrockneten Kichererbsen großzügig zu bedecken, dann zugedeckt über Nacht an einem kühlen Ort stehen lassen.

2. Die Kichererbsen in ein Küchensieb abgießen, dann in einen großen Topf schütten. 1 Liter Wasser darüber gießen, dann ¼ TL Natron einrühren.

3. Das Wasser zum Kochen bringen, den entstehenden Schaum mit einem Löffel abschöpfen. Mit dem Deckel halb bedecken und die Kichererbsen auf mittlerer Hitze 45–75 Minuten köcheln lassen.

4. Testen Sie, ob die Kichererbsen weich sind, indem Sie ein paar davon mit einem Löffel aus dem Topf schöpfen, ein paar Minuten abkühlen lassen und dann überprüfen, ob sie leicht brechen, wenn sie zwischen Daumen und Zeigefinger

gepresst werden. Ist dies der Fall, die gekochten Kichererbsen in ein auf einer Schüssel liegendes Küchensieb abgießen. Das Kochwasser in der Schüssel auffangen, wenn Sie es statt frischem Wasser für den Hummus benutzen möchten (siehe weitere Informationen hierüber auf Seite 16–17). Die Kichererbsen dann mit einem sauberen Geschirrtuch abdecken und 30 Minuten abkühlen lassen.

5. Die gekochten, abgegossenen Kichererbsen in einen Mixer mit Metallklinge geben. 2 EL Tahini hinzufügen, dann den Saft von ½ Zitrone ausdrücken und die Kerne wegwerfen. Mit Salz und Cayennepfeffer würzen.

6. 4–6 EL von dem Kichererbsen-Kochwasser oder auch frisches kaltes Wasser hinzugießen. Den Deckel auf den Mixer geben und 2–3 Minuten zu einer glatten Paste rühren.

7. Den Hummus kosten und mit Salz und Pfeffer nachwürzen. Nach Belieben extra Tahini, Zitronensaft oder Koch- bzw. frisches Wasser zugeben, bis Geschmack und Konsistenz genau so sind, wie Sie es am liebsten mögen. Wieder pürieren, bis der Hummus sehr weich und cremig ist. Sofort servieren oder zugedeckt im Kühlschrank aufbewahren.

Perfekte Partner

HARISSA

Diese mild-feurige Soße wird aus gebratenen roten Paprika, roten Zwiebeln, scharfen roten Chilis und Knoblauch hergestellt und dann mit gerösteten Koriander-, Kreuzkümmel- und Kümmelsamen aromatisiert und mit Olivenöl und Tomatenmark zu einer grobkörnigen Paste vermischt. Sie können Ihre eigene Mischung machen oder sie in den meisten Supermärkten fertig in Gläsern kaufen. Ganz ähnlich ist auch die Würzmischung, die als Sriracha-Soße im Handel ist.

Fügen Sie der Harissa ein wenig extra Olivenöl hinzu und träufeln Sie sie dann über den Hummus oder mischen Sie sie mit ein wenig Zitronensaft zu einem leichten, geschmackvollen Dressing für Salat oder Couscous, oder auch zu einer Fleisch-Marinade. Sie können sie auch einfach zu gebratenem Gemüse, Tajines oder Eintöpfen servieren.

Zutaten für 150 g

1 rote Paprika, geviertelt und entkernt
1 TL Koriandersamen
½ TL Kreuzkümmelsamen
½ TL Kümmelsamen
2 EL Olivenöl
1 rote Zwiebel, gehackt
3 Knoblauchzehen, geschnitten
3 große rote Chili, entkernt und gehackt
2 TL Tomatenmark
2 EL Zitronensaft
½ TL Salz

1. Die rote Paprika mit der Hautseite nach oben auf ein Stück Alufolie legen und 10 Minuten im Ofen grillen, bis die Haut schwarz und die Paprika weich wird. In die Folie einwickeln und abkühlen lassen. Dann die Haut der Paprika abziehen und das Fleisch in den Mixer geben.

2. Die Gewürzsamen mit Stößel und Mörser zermahlen. 1 El Öl in einer Bratpfanne erhitzen, die Samen hinzugeben und 1 Minute anbraten, um die Aromen freizusetzen. Die Zwiebel zugeben und 5 Minuten auf mittlerer Hitze braten, bis sie weich wird. Den Knoblauch und die Chilis zugeben und 5 Minuten braten, bis sie weich werden und die Zwiebel golden ist.

3. Das Tomatenmark, den Zitronensaft und das Salz einrühren, dann mit dem verbleibenden Öl in den Mixer geben. Den Deckel aufsetzen und glatt pürieren. Abschmecken und nachsalzen, falls nötig.

ZAHTAR-GEWÜRZMISCHUNG

Diese beliebte orientalische Gewürz-Mischung ist nach einem wilden Kraut benannt, das im Gebirge an der syrisch-libanesischen Grenze im Überfluss wächst. Menschen aus dieser Region müssen beim Geruch dieses Krauts unweigerlich an ihre Heimat denken. Bekannt als Ysop oder syrischer Majoran, erinnert es an eine Kreuzung aus Oregano und Thymian. In der Saison werden die frischen Blätter auf Tomatensalat gestreut und in Brot mitgebacken oder einfach nach dem Pflücken in Büscheln zum Trocknen aufgehängt.

Für die Zahtar-Gewürzmischung werden die getrockneten Blätter gemahlen und mit zitronig schmeckenden Sumachsamen sowie duftenden Kreuzkümmel- und Sesamsamen vermischt, wobei die Textur von grob zerstoßenen Samen bis hin zu einem fein gemahlenen grünen Pulver reichen kann. Statt des Original-Krauts Zahtar haben wir in diesem Rezept eine Mischung aus getrocknetem Oregano und frischem Thymian benutzt, um das Aroma nachzubilden. Die Zahtar-Gewürzmischung schmeckt köstlich, wenn man sie in gewärmte Butter einrührt und über den Hummus träufelt, oder auch mit Öl zu einem Dressing rührt, oder über Labneh gießt, einen recht einfach herzustellenden Frischkäse.

Zutaten für 20 g
1 EL Sesamsamen
1 TL Kreuzkümmelsamen
1 TL Sumachsamen
1 TL getrockneter Oregano
1 kleiner Bund frischer Thymian
 (die Blätter von den Stängeln
 ziehen, bis sie 1 EL ergeben)
½ TL Salzflocken

1. Die Sesamsamen in einer trockenen Bratpfanne leicht anrösten, bis sie gerade zu bräunen beginnen. Von der Hitze nehmen und zur Seite stellen.

2. Die Kreuzkümmel- und Sumachsamen mit Mörser und Stößel grob mahlen, um die Aromen freizusetzen. Die Sesamsamen, den getrockneten Oregano, die frischen Thymianblätter und das Salz hinzufügen. Leicht miteinander zerstoßen, dann in ein kleines Glas löffeln. Den Deckel zuschrauben und bis zu 2 Wochen im Kühlschrank aufbewahren.

CHERMOULA-SOSSE

Diese rohe, frische Kräuter-Chili-Soße verleiht jedem Rezept einen knallig-grünen Farbton. Servieren Sie sie als Topping für Hummus oder als Grundlage für Marinaden oder geben Sie sie einfach über gegrilltes Fleisch und Gemüse.

1. Den Knoblauch, die Kräuter und die Chilis in den Mixer geben. Die Kreuzkümmelsamen, das Öl und den Zitronensaft hinzufügen, dann mit ein wenig Salz und Pfeffer würzen. Den Deckel des Mixers schließen und pürieren, bis die Kräuter sehr fein gehackt sind, falls nötig mit einem Spatel die Masse an den Innenseiten des Behälters nach unten schieben.

2. Die Kräutersoße in ein kleines Gefäß geben und die Kräuter unter das Öl pressen. Mit einem Deckel verschließen, in den Kühlschrank stellen und innerhalb von 24 Stunden verbrauchen.

Zutaten für 100 g
2 Knoblauchzehen, in Scheiben geschnitten
1 Handvoll frische glatte Petersilie
1 Handvoll frischer Koriander
1 große rote oder grüne Chili, halbiert, entkernt und in Scheiben geschnitten
1 TL Kreuzkümmelsamen, mit Mörser und Stößel grob zerstoßen
2 EL Olivenöl
Saft von 1 Zitrone
Salz und Cayennepfeffer

PAPRIKA

Dieses kräftige rote Gewürz ist aus gemahlenen Chilis gemacht und existiert in zwei Schärfegraden: süß oder mild als Paprika edelsüß, oder als Paprika rosenscharf in einer viel pikanteren Version, die an Chilipulver erinnert. Probieren Sie auch mal geräucherten Paprika, den es in denselben beiden Schärfegraden gibt und der jedem Gericht einen tollen rauchigen Touch verleiht.

TARATOR-SOSSE

Wie Chermoula verleiht diese frische Knoblauch-Kräuter-Soße Farbe und Pfiff, aber statt Chili wird sie mit gerösteten Walnüssen und Sesam-Tahini aromatisiert. Probieren Sie sie in Hummus eingerührt oder auch als Dip zu gegrillter Makrele oder Seehecht sowie zu Lammspießen oder Brathähnchen und Salat.

Zutaten für 110 g
50 g Walnussstücke
1 Knoblauchzehe, in Scheiben geschnitten
1 große Handvoll frische glatte Petersilie
2 TL Tahini
Saft von ½ Zitrone
2 EL Olivenöl
Salz und Cayennepfeffer

1. Die Walnussstücke in einer antihaftbeschichteten Bratpfanne 3–4 Minuten trocken anrösten, dann 10 Minuten abkühlen lassen.

2. Die Walnüsse mit dem Knoblauch, der Petersilie, der Tahini, dem Zitronensaft und dem Öl in den Mixer geben. Mit Salz und Cayennepfeffer würzen, dann den Deckel aufsetzen und mixen, bis Nüsse und Kräuter sehr fein gehackt sind.

3. In ein kleines Glas füllen und nach unten pressen, sodass Nüsse und Kräuter vom Öl bedeckt sind. Den Deckel zuschrauben, in den Kühlschrank stellen und innerhalb von 24 Stunden verbrauchen.

SUMACH
Diese kleinen, tiefroten oder fast violetten Beeren sind getrocknet und gemahlen und können sehr gut über Hummus gestreut werden. Sie verleihen einen spritzigen, leicht säuerlichen Geschmack und werden gerne statt Zitronen verwendet.

Zum Dippen und Tunken

Hummus ist ein überaus gesunder Snack, reich an Proteinen und moderat im Fettgehalt. Servieren Sie ihn mit warmem Pita- oder Fladenbrot oder backen Sie Ihr eigenes Brot, wie wir es Ihnen auf den Seiten 130–143 zeigen.

Statt mit Brot können Sie Ihren selbstgemachten Hummus auch mit einer bunten Auswahl von knackigen Salaten und Gemüsearten reichen. Schneiden Sie Sticks aus roten, gelben und orangefarbenen Paprikaschoten, Karotten, Sellerie oder Gurken zurecht. Versuchen Sie es mit pfeffrigem Rettich oder Blumenkohlröschen oder nehmen Sie den etwas ungewöhnlicheren

Romanesco mit seinen grünlich-stacheligen Blütenständen und schneiden ihn in mundgerechte Röschen. Sie können Hummus auch mit Kopfsalat-Herzen, Chicorée- und Endivienblättern dippen. Auch Kirschtomaten lassen sich gut in Hummus stippen und man kann ihn dekorativ in ausgehöhlten größeren Tomaten servieren. Zwiebelfans schneiden eine ganze, mild schmeckende Zwiebel in 6 oder 8 Keile, lösen dann die Schichten voneinander und benutzen sie als Schöpfer, um den Hummus aufzutunken. Dieselbe Methode lässt sich mit dem nach Anis schmeckenden Fenchel anwenden.

Manche Gemüsesorten haben genau die richtige Größe, um sie als Ganzes zum Dippen zu verwenden und einfach in den Mund zu stecken – frische, knackige Zuckererbsen zum Beispiel, Babymais, Möhrchen und Rübchen oder sogar eine kleine Zucchini. All diese Sorten können auch roh gegessen werden, aber vielleicht mögen Sie sie lieber leicht gekocht und noch ein wenig bissfest – besonders ratsam bei Spargelstangen. Am besten, Sie gehen einfach einkaufen und suchen sich das aus, was besonders frisch aussieht.

KLASSISCHER HUMMUS

Bei den Rezepten in diesem Kapitel werden getrocknete Kichererbsen verwendet, um einen besonders guten Geschmack und eine glatte Textur zu erzielen. Weichen Sie die Kichererbsen über Nacht ein und kochen Sie sie dann am nächsten Tag richtig weich. Das Ergebnis ist ein authentischer, leicht nussig schmeckender Hummus.

Servieren Sie diesen mit Öl und Paprika, gehackten Kräutern und buttrig gebratenem Knoblauch – oder auch mit Joghurt für eine besonders leichte Variante.

Traditioneller Hummus

Die Kochzeiten bei Kichererbsen sind sehr unterschiedlich und variieren je nach Größe und Alter; je älter sie sind, desto länger müssen sie normalerweise kochen. Variieren Sie dieses Basisrezept ganz nach Ihrem Geschmack: Nehmen Sie mehr Tahini und weniger Zitronensaft oder fein gehackten Knoblauch. Auf Seite 24 finden Sie weitere Tipps.

FÜR 6–8 PERSONEN
Zubereitungszeit: 15 Minuten
Über Nacht einweichen
Kochzeit: 45–75 Minuten

200 g getrocknete Kichererbsen, über Nacht in kaltem Wasser eingeweicht
2 l Wasser
½ TL Natron
2–4 EL Tahini
Saft von 1 Zitrone
Salz und Cayennepfeffer

Zum Verfeinern
2 EL Olivenöl
ein wenig Paprika edelsüß

Energie 152 kcal/635 kJ; Protein 7,1 g; Kohlenhydrate 12,5 g – davon 0,7 g Zucker; Fett 8,5 g – davon 1,2 g gesättigt; Cholesterin 0 mg; Kalzium 64 mg; Ballaststoffe 0,8 g; Natrium 11 mg

1. Die eingeweichten Kichererbsen abtropfen lassen und in einen großen Topf geben. Das abgemessene Wasser hinzugießen, dann das Natron einrühren und langsam zum Kochen bringen.

2. Den entstehenden Schaum mit einem Löffel abschöpfen und den Topf nicht ganz mit einem Deckel verschließen, dann die Kichererbsen 45–75 Minuten köcheln lassen, bis sie weich sind und zwischen zwei Fingern zerdrückt werden können.

3. Die Kichererbsen in ein Küchensieb geben und abtropfen lassen, das Kochwasser für später aufsparen, das Sieb dann mit einem sauberen Geschirrtuch bedecken und die Kichererbsen 30 Minuten abkühlen lassen.

4. Die Kichererbsen in einen Mixer geben und 2 EL Tahini zufügen. Mit dem Zitronensaft und ein wenig Salz und Cayennepfeffer würzen. 2–3 Minuten pürieren, bis alles fein zermahlen ist.

5. Nach und nach das aufgesparte Kochwasser oder auch frisches Wasser zugießen, um einen glatten, gut löffelbaren Hummus zu erhalten – normalerweise etwa 125 ml. Nach Geschmack mit Tahini und Gewürzen abschmecken.

6. In eine flache Schale geben und mit der Rückseite eines Löffels ein rundes Muster ziehen, dann mit Olivenöl beträufeln und mit Paprika bestäuben. Hierzu schmeckt warmes Pitabrot.

TIPP:
Behalten Sie die Kichererbsen beim Kochen im Blick, damit sie mit einer gleichmäßigen Hitze garen. Legen Sie den Deckel nur halb auf, damit das Wasser nicht überkocht.

Butter-Knoblauch-Hummus

Dieser Hummus wird heiß serviert und ist in der Türkei sehr beliebt. Dippen Sie Ihr Brot in den mit Knoblauchbutter verfeinerten Hummus und genießen Sie diese einzigartige Variante.

FÜR 6 PERSONEN
Zubereitungszeit: 15 Minuten
Über Nacht einweichen
Kochzeit: 50–80 Minuten

200 g getrocknete Kichererbsen, über Nacht in kaltes Wasser eingeweicht
2 l Wasser
½ TL Natron
75 g Butter
4 Knoblauchzehen, in dünne Scheiben geschnitten
1 TL Kreuzkümmelsamen, grob zerstoßen
Saft von ½ Zitrone
2 EL Tahini
Salz und Cayennepfeffer

1. Die eingeweichten Kichererbsen in ein Küchensieb abgießen und in einen großen Topf geben. Das abgemessene Wasser eingießen, dann das Natron einrühren und langsam zum Kochen bringen.

2. Den entstehenden Schaum mit einem Löffel abschöpfen, dann mit einem Deckel halb abdecken und 45–75 Minuten köcheln lassen, bis die Kichererbsen weich sind, aber immer noch bissfest.

3. Die Kichererbsen in ein Küchensieb über einer Schüssel abgießen und das Kochwasser für später auffangen.

4. Die Butter in einer Bratpfanne oder einem Topf erhitzen, den Knoblauch und den Kreuzkümmel hinzufügen und 2–3 Minuten anbraten, bis der Knoblauch Farbe anzunehmen beginnt.

5. Drei Viertel der Kichererbsen in einen Mixer geben und zwei Drittel der Knoblauchbutter dazugießen. Die restlichen Kichererbsen zu der in der Pfanne verbleibenden Knoblauchbutter geben und 4–5 Minuten anbraten, bis sie leicht braun werden.

6. Inzwischen den Zitronensaft, die Tahini und ein wenig Salz und Pfeffer zu den Kichererbsen in den Mixer geben und glatt pürieren. Ein wenig von dem aufgefangenem Kochwasser in den Hummus einrühren, um ihm eine glatte, löffelbare Konsistenz zu verleihen. Nach Bedarf mit Salz und Cayennepfeffer abschmecken.

7. Den warmen Hummus in eine flache Schale geben, die Oberfläche mit der Rückseite eines Löffels glatt streichen, dann mit den heißen Knoblauch-Kichererbsen aus der Pfanne übergießen. Sofort servieren.

Energie 228 kcal/953 kJ; Protein 8,6 g; Kohlenhydrate 16,6 g – davon 1 g Zucker; Fett 14,6 g – davon 7 g gesättigt; Cholesterin 27 mg; Kalzium 19 mg; Ballaststoffe 0 g; Natrium 89 mg

Hummus mit Butternusskürbis

Der durch den Zusatz von Butternusskürbis goldgelbe Hummus ist eine besonders köstliche Variante. Zusammen mit gegrillten Makrelenfilets oder Hühnerbrüstchen serviert, ergibt er auch eine gehaltvolle Hauptmahlzeit.

FÜR 6 PERSONEN
Zubereitungszeit: 20 Minuten
Über Nacht einweichen
Kochzeit: 45–75 Minuten

100 g getrocknete Kichererbsen, über Nacht in kaltes Wasser eingeweicht
1 l Wasser, plus 4 EL extra
¼ TL Natron
600 g Butternusskürbis, in dicke Scheiben geschnitten, entkernt, geschält und in 1 cm große Würfel geschnitten
1 TL Fenchelsamen, grob zerstoßen
½ TL Kurkuma
½ TL Paprika edelsüß
2 EL Olivenöl
1 EL Tahini
1 cm Ingwerwurzel, geschält und in Scheiben geschnitten
1 Knoblauchzehe, in Scheiben geschnitten
2 EL griechischer Joghurt
Salz und Cayennepfeffer

1. Die eingeweichten Kichererbsen in ein Küchensieb abgießen, dann in einen Topf geben. Das Wasser eingießen und das Natron einrühren. Das Wasser langsam zum Kochen bringen, den entstehenden Schaum mit einem Löffel abschöpfen, dann den Topfdeckel halb aufsetzen und 45–75 Minuten köcheln lassen, bis die Kichererbsen weich sind.

2. Inzwischen den Backofen auf 200 °C vorheizen. Den Butternusskürbis in eine Bratpfanne geben, mit den Fenchelsamen, der Kurkuma, dem Paprika und ein wenig Salz bestreuen, dann mit dem Öl beträufeln. Alles miteinander vermischen, dann 20–25 Minuten braten, bis der Kürbis eine bräunliche Farbe annimmt.

3. Die gekochten Kichererbsen in ein Küchensieb abgießen, mit einem Geschirrtuch bedecken und 30 Minuten abkühlen lassen.

4. Die abgetropften Kichererbsen in einen Mixer geben und die Tahini, den Ingwer und den Knoblauch zufügen. Dann den Joghurt, 2 EL des extra Wassers und den halben gebratenen Butternusskürbis dazugeben und glatt pürieren.

5. Mit Salz und Cayennepfeffer abschmecken sowie mehr Wasser zugießen, falls nötig. In eine Schale geben und mit dem Rest des gebratenen Butternusskürbisses garnieren. Mit Paprika- und Karottensticks zum Dippen servieren.

> **GUT FÜR DIE GESUNDHEIT**
>
> Butternusskürbis ist reich an Betacarotin, das auch in anderen bunten Gemüsesorten zu finden ist, wie etwa in Karotten, roten Paprikaschoten, Spinat und Grünkohl. Dieses wird vom Körper in Vitamin A umgewandelt, das für Zellteilung und -wachstum benötigt wird und für die Erhaltung der Augengesundheit notwendig ist. Betacarotin ist auch ein wichtiges Antioxidans, das vielleicht vor Krebs schützen kann.

Energie 139 kcal/588 kJ; Protein 5,6 g; Kohlenhydrate 17 g – davon 5,3 g Zucker; Fett 5,9 g – davon 0,8 g gesättigt; Cholesterin 0 mg; Kalzium 64 mg; Ballaststoffe 2,1 g; Natrium 14 mg

Auberginen-Harissa-Hummus

Traditionell werden die Auberginen in der verlöschenden Glut eines offenen Feuers gegart, wobei sie einen wundervoll rauchigen Geschmacks erlangen. Wenn Sie einen Gasherd haben, können Sie die ganze Aubergine auch direkt auf kleiner Flamme braten, aber Backofen und Grill sind eine einfache und ebenso hilfreiche Alternative.

FÜR 4–6 PERSONEN
Zubereitungszeit: 20 Minuten
Über Nacht einweichen
Kochzeit: 45–75 Minuten

100 g getrocknete Kichererbsen, über Nacht in kaltes Wasser eingeweicht
1 l Wasser, plus 2–6 EL extra
¼ TL Natron
1 große Aubergine
1 ½ TL Harissa-Paste
3 EL Olivenöl
1 Knoblauchzehe, in Scheiben geschnitten
1 EL Tahini
Salz und Cayennepfeffer

Zum Verfeinern:
2 TL Pinienkerne, leicht geröstet
einige Granatapfelkerne

1. Die eingeweichten Kichererbsen in ein Küchensieb abgießen, dann in einen Topf schütten. Das Wasser eingießen, dann das Natron einrühren. Langsam zum Kochen bringen, den entstehenden Schaum mit dem Löffel abschöpfen, dann halb mit einem Deckel abdecken und 45–75 Minuten köcheln lassen, bis die Kichererbsen weich sind.

2. Inzwischen die Aubergine mehrmals mit einer Gabel anstechen, dann auf einem Stück Alufolie im vorgeheizten Grill etwa 15 Minuten unter mehrmaligem Wenden garen, bis die Haut leicht verkohlt und das Innere weich ist. Zum Abkühlen beiseitestellen.

3. Die gekochten Kichererbsen in ein Küchensieb abgießen, mit einem Geschirrtuch bedecken und 30 Minuten abkühlen lassen.

4. Die Aubergine längs halbieren, dann die verkohlte Haut abziehen. Das weiche Fleisch in den Mixer geben. Die Kichererbsen dazuschütten, dann 1 TL Harissa und 2 EL Öl, den Knoblauch, die Tahini, 2 EL frisches Wasser sowie Salz und Cayennepfeffer hinzufügen und alles glatt pürieren.

5. Abschmecken sowie mehr frisches Wasser zugießen, falls nötig. Wieder glatt pürieren. In eine Schale geben und mit der Rückseite eines Löffels ein spiralförmiges Muster in die Oberfläche ziehen.

6. Das verbleibende Harissa mit dem verbleibenden Öl vermischen, den Hummus damit beträufeln und mit den gerösteten Pinien- und Granatapfelkernen bestreuen. Mit roten Paprika, roten Zwiebeln und warmem Fladenbrot servieren.

Energie 126 kcal/529 kJ; Protein 4,8 g; Kohlenhydrate 9,7 g – davon 1,7 g Zucker; Fett 7,9 g – davon 1,1 g gesättigt; Cholesterin 0 mg; Kalzium 15 mg; Ballaststoffe 1,7 g; Natrium 8 mg

Spinat-Hummus

Dieser grüne Hummus ist ein Eyecatcher – und zudem randvoll mit Nährstoffen wie Vitaminen, Mineralien, komplexen Kohlenhydraten als Energielieferanten und Proteinen, die für das Wachstum, die Reparatur und die Erhaltung jeder Zelle in Ihrem Körper verantwortlich sind.

FÜR 6 PERSONEN
Zubereitungszeit: 20 Minuten
Über Nacht einweichen
Kochzeit: 45–75 Minuten

100 g getrocknete Kichererbsen, über Nacht in kaltes Wasser eingeweicht
1 l Wasser, plus 4–6 EL extra
¼ TL Natron
1 EL Tahini
1 Knoblauchzehe, in Scheiben geschnitten
Saft von ½ Zitrone
50 g Babyspinat
Salz und Cayennepfeffer

Zum Verfeinern:
einige Granatapfelkerne
einige Spinatblätter

1. Die eingeweichten Kichererbsen in ein Küchensieb abgießen, dann in einen Topf geben. Das Wasser zugießen und das Natron einrühren. Langsam zum Kochen bringen, den entstehenden Schaum mit einem Löffel abschöpfen, dann den Topfdeckel halb auflegen und 45–75 Minuten köcheln lassen, bis die Kichererbsen weich sind.

2. Die Kichererbsen in ein Küchensieb abgießen, mit einem sauberen Geschirrtuch bedecken und 30 Minuten abkühlen lassen.

3. Die Kichererbsen in einen Mixer geben und die Tahini, den Knoblauch, den Zitronensaft und die Spinatblätter sowie 4 EL extra Wasser, ein wenig Salz und Cayennepfeffer zufügen. Glatt pürieren.

4. Abschmecken, bei Bedarf nachwürzen und extra Wasser zufügen. Wieder sehr glatt pürieren. In eine Schale füllen, dann mit der Rückseite eines Löffels ein spiralförmiges Muster in die Oberfläche ziehen.

5. Mit Granatapfelkernen und Blättern von jungem Spinat bestreuen und mit Brotsticks (siehe Seite 136) oder warmem Fladenbrot servieren.

GUT FÜR DIE GESUNDHEIT

Spinat ist reich an Karotinoiden einschließlich Betakarotin und Lutein, das vor Krebs schützen kann, sowie an Folaten und Kalium. Wählen Sie Blätter von jungem Spinat, sodass Ihr Körper so viel Kalzium und Eisen wie möglich aus den Blättern aufnehmen kann.

TIPP

Spinat wird schnell welk. Wenn Sie ihn lose auf dem Markt kaufen, packen Sie die Blätter mit ein wenig kaltem Wasser in eine große Plastiktüte, die Sie anschließend aufblasen und mit einem Clip luftdicht verschließen und im Kühlschrank lagern, sodass sie wie ein Mini-Gewächshaus wirkt.

Energie 104 kcal/441 kJ; Protein 6,7 g; Kohlenhydrate 12,6 g – davon 0,9 g Zucker; Fett 3,3 g – davon 0,4 g gesättigt; Cholesterin 0 mg; Kalzium 34 mg; Ballaststoffe 0,4 g; Natrium 27 mg

Walnuss-Tarator-Hummus

Cremig-glatter, selbstgemachter Hummus wird hier mit der türkischen Version von Pesto veredelt. Statt mit Pinienkernen und Parmesan wird Tarator mit gerösteten Walnüssen, Petersilie, Tahini, Knoblauch und Zitrone gemacht. Er passt wunderbar zu Hummus, komplementiert aber auch Gerichte mit gegrilltem Fisch, Hähnchen oder Rindfleisch.

FÜR 4 PERSONEN
Zubereitungszeit: 25 Minuten
Über Nacht einweichen
Kochzeit: 45–75 Minuten

100 g getrocknete Kichererbsen, über Nacht in kaltes Wasser eingeweicht
1 l Wasser, plus 4–6 EL extra
¼ TL Natron
1 EL Tahini
Saft von ½ Zitrone
Salz und Cayennepfeffer

Tarator-Soße:
50 g Walnussstücke, plus einige extra zum Garnieren
1 Knoblauchzehe, in Scheiben geschnitten
1 große Handvoll frische glatte Petersilie
2 TL Tahini
Saft von ½ Zitrone
2 EL Olivenöl
Salz und Cayennepfeffer

1. Die eingeweichten Kichererbsen abgießen, dann in einen Topf geben. Das Wasser eingießen und das Natron einrühren. Das Wasser langsam zum Kochen bringen, den entstehenden Schaum mit einem Löffel abschöpfen, dann halb mit einem Deckel abdecken und 45–75 Minuten köcheln lassen, bis die Kichererbsen weich sind.

2. Die Kichererbsen in ein Küchensieb abgießen, mit einem sauberen Geschirrtuch bedecken und 30 Minuten abkühlen lassen.

3. Die Kichererbsen, die Tahini, den Zitronensaft und Salz und Pfeffer in einen Mixer geben. Glatt pürieren, dann nach und nach etwa 4 EL kaltes Wasser zugeben und nochmals pürieren.

4. Abschmecken und bei Bedarf nachwürzen sowie extra Wasser für eine cremigere Konsistenz zugeben. In eine flache Schale füllen und beiseitestellen.

5. Für die Tarator-Soße die Walnussstücke 2–3 Minuten trocken anbraten, bis sie leicht geröstet sind. 10 Minuten abkühlen lassen, dann mit dem Knoblauch, der Petersilie und der Tahini in den gereinigten Mixer geben. Alles zusammen pürieren, bis die Nüsse und die Petersilie fein gehackt sind. Den Zitronensaft, die Hälfte des Öls und ein wenig Salz und Cayennepfeffer einrühren.

6. Ein wenig von der Tarator-Soße über den Hummus löffeln, ihn dann mit dem verbleibenden Öl beträufeln und mit ein paar extra Nüssen bestreuen. Mit einer Auswahl an gemischten Gemüsesticks und warmem Pitabrot servieren.

Energie 252 kcal/1049 kJ; Protein 8,8 g; Kohlenhydrate 13 g – davon 1,1 g Zucker; Fett 18,6 g – davon 2,2 g gesättigt; Cholesterin 0 mg; Kalzium 34 mg; Ballaststoffe 0,9 g; Natrium 12 mg

Tomaten-Hummus

Kaufen Sie Kirschtomaten am Strauch, dann schmecken sie wie gerade gepflückt. Tomaten, die mit Kreuzkümmel und geräuchertem Paprika durchtränkt sind, gehen eine wunderbare Verbindung mit der cremigen Sämigkeit von selbstgemachtem Hummus ein.

FÜR 4 PERSONEN
Zubereitungszeit: 20 Minuten
Über Nacht einweichen
Kochzeit: 45–75 Minuten

100 g getrocknete Kichererbsen, über Nacht in kaltes Wasser eingeweicht
1 l Wasser, plus 1–2 EL extra
¼ TL Natron
etwa 14 Kirschtomaten, halbiert
2 EL Olivenöl
1 TL Kreuzkümmelsamen, grob zerstoßen
¼ TL Paprika rosenscharf oder Chilipulver, plus ein wenig extra zum Bestreuen
1 EL Tahini
1 TL Tomatenmark
1 Knoblauchzehe, in Scheiben geschnitten
Salz und Cayennepfeffer

Energie 164 kcal/687 kJ; Protein 7 g; Kohlenhydrate 14,8 g – davon 2,6 g Zucker; Fett 8,9 g – davon 1,2 g gesättigt; Cholesterin 0 mg; Kalzium 17 mg; Ballaststoffe 1 g; Natrium 16 mg

1. Die eingeweichten Kichererbsen in ein Küchensieb abgießen, dann in einen Topf geben. Das Wasser eingießen und das Natron einrühren. Langsam das Wasser zum Kochen bringen, den entstehenden Schaum mit einem Löffel abschöpfen, dann mit einem Deckel halb abdecken und 45–75 Minuten köcheln lassen, bis die Kichererbsen weich sind.

2. Die Kichererbsen in ein Küchensieb abgießen, mit einem sauberen Geschirrtuch bedecken und 30 Minuten abkühlen lassen.

3. Inzwischen die Tomaten in eine Bratpfanne geben, mit 1 EL Öl beträufeln, mit den Kreuzkümmelsamen, dem Paprika oder Chilipulver und ein wenig Salz bestreuen. Auf mittlerer Hitze 5 Minuten anbraten, bis die Tomaten weich sind.

4. Die Kichererbsen, die Tahini, das Tomatenmark und den Knoblauch in einen Mixer geben und glatt pürieren. Ein Drittel der Tomaten zugeben und wieder pürieren. Abschmecken sowie 1–2 EL extra Wasser zugeben, falls nötig.

5. Den Hummus in eine flache Schale geben, mit der Rückseite eines Löffels ein spiralförmiges Muster auf der Oberfläche ziehen, dann mit den verbleibenden Tomaten, den Säften in der Pfanne und dem verbleibenden Öl beträufeln und mit Paprika bestreuen. Mit warmem Brot und Oliven servieren.

GUT FÜR GESUNDHEIT

Tomaten sind randvoll mit den an Antioxidantien reichen Vitaminen A, C und E sowie mit dem Karotin-Pigment Lycopin, das sie rot macht. Außerdem enthalten sie auch die Mineralien Zink und Selen, die unserem Körper helfen, sich vor Schäden durch freie Radikale zu schützen, welche bei Krankheit und Stress leicht auftreten können.

Zwiebel-Hummus

Wenn man Zwiebeln zusammen mit ein wenig Honig und gehackten Fenchelsamen langsam gart, bringt das ihren Geschmack wundervoll zum Vorschein, und die karamellisierte Zwiebel eignet sich ausgezeichnet, um die cremige Glätte des Hummus zu vervollständigen.

FÜR 4 PERSONEN
Zubereitungszeit: 20 Minuten
Über Nacht einweichen
Kochzeit: 45–75 Minuten

100 g getrocknete Kichererbsen, über Nacht in kaltes Wasser eingeweicht
1 l Wasser, plus 2–4 EL extra
¼ TL Natron
2 EL Olivenöl
2 Zwiebeln, halbiert und in dünne Scheiben geschnitten
1 TL klarer Honig
1 TL Fenchelsamen, grob gehackt
1 EL Tahini
1 Knoblauchzehe, in Scheiben geschnitten
1–2 EL Zitronensaft
Salz und Cayennepfeffer

1. Die eingeweichten Kichererbsen in ein Küchensieb abgießen, dann in einen Topf geben. Das Wasser eingießen und das Natron einrühren. Langsam das Wasser zum Kochen bringen, den entstehenden Schaum mit einem Löffel abschöpfen, dann mit einem Deckel halb abdecken und 45–75 Minuten köcheln lassen, bis die Kichererbsen weich sind.

2. Die Kichererbsen in ein Küchensieb abgießen, mit einem sauberen Geschirrtuch bedecken und 30 Minuten abkühlen lassen.

3. Inzwischen das Öl in einer großen Bratpfanne erhitzen, die Zwiebeln hinzufügen und auf mittlerer Hitze unter gelegentlichem Rühren 10 Minuten braten, bis sie weich sind und zu bräunen beginnen. Den Honig und die Fenchelsamen zugeben und weitere 10–15 Minuten unter Rühren braten, bis die Zwiebeln karamellisiert sind.

4. Die Kichererbsen, die Tahini und den Knoblauch in einen Mixer geben. Ein Drittel der Zwiebeln, 1 EL Zitronensaft und 2 EL extra Wasser sowie etwas Salz und Cayennepfeffer zufügen. Glatt pürieren. Abschmecken und nach Belieben mehr Zitronensaft oder Salz und Pfeffer hinzufügen. Falls nötig mehr Wasser eingießen.

5. Den Hummus in eine Schale löffeln, mit den verbleibenden Zwiebeln belegen und mit körnerreichem Knäckebrot oder warmem Pitabrot servieren.

TIPP
Wenn Sie keine Fenchelsamen haben, nehmen Sie Kreuzkümmelsamen.

GUT FÜR DIE GESUNDHEIT
Von Zwiebeln wird angenommen, dass sie antibakterielle und antivirale Eigenschaften haben und uns helfen können, Erkältung, Schnupfen, Magen-Darm-Viren und Candidapilze zu bekämpfen. Auch können sie helfen, Entzündungen zu reduzieren, was für Menschen, die unter Arthritis leiden, eine Wohltat sein kann.

Energie 183 kcal/765 kJ; Protein 7,4 g; Kohlenhydrate 19,5 g – davon 5,8 g Zucker; Fett 8,9 g – davon 1,2 g gesättigt; Cholesterin 0 mg; Kalzium 29 mg; Ballaststoffe 1,4 g; Natrium 12 mg

Mehrkorn-Hummus

Leicht geröstete und mit Honig glasierte Kerne und Samen ergeben ein schmackhaftes Topping und einen zusätzlichen Proteinlieferanten zum Hummus. Machen Sie ruhig eine größere Portion von dem Körnermix und reichen Sie ihn dann zu Suppen, Muffins und Frühstücksbrei.

FÜR 4 PERSONEN
Zubereitungszeit: 20 Minuten
Über Nacht einweichen
Kochzeit: 45–75 Minuten

100 g getrocknete Kichererbsen, über Nacht in kaltes Wasser eingeweicht
1 Liter Wasser, plus 4 EL extra
¼ TL Natron
3 EL Sonnenblumenkerne
3 EL Kürbiskerne
2 TL gemahlene Leinsamen
1 Knoblauchzehe, in Scheiben geschnitten
1 EL Tahini
1 ½ EL Olivenöl
Saft von ½ Zitrone
Salz und Cayennepfeffer
1 TL klarer Honig
Romana-Salatblätter zum Servieren

1. Die eingeweichten Kichererbsen in ein Küchensieb abgießen, dann in einen Topf geben. Das Wasser zugeben und das Natron einrühren. Das Wasser zum Kochen bringen, den entstehenden Schaum mit einem Löffel abschöpfen. Den Deckel halb auflegen und 45–75 Minuten köcheln lassen, bis die Kichererbsen weich sind.

2. Die Kichererbsen in ein Küchensieb abgießen, mit einem sauberen Geschirrtuch bedecken und 30 Minuten abkühlen lassen.

3. Die Kichererbsen in einen Mixer geben, dann 1 EL Sonnenblumensamen und 1 EL Kürbissamen sowie alle gemahlenen Leinsamen zugeben. Den Knoblauch, die Tahini, 1 EL Öl, den Zitronensaft und ein wenig Salz und Cayennepfeffer zufügen. Glatt pürieren.

4. Abschmecken und falls nötig, mehr Wasser zugießen. Wieder sehr glatt pürieren und in eine Schale füllen. Das restliche Öl in eine Bratpfanne geben, dann die verbleibenden Körner zugeben. 2 Minuten auf mittlerer Hitze braten, dann den Honig zufügen und 1–2 Minuten weiterbraten, bis er gerade zu bräunen beginnt. Zum Servieren den Hummus in die Salatblätter löffeln und mit den verbleibenden Körnern bestreuen.

GUT FÜR DIE GESUNDHEIT

Körner sind tolle Proteinlieferanten für Vegetarier und liefern überdies extra Ballaststoffe, aber sie haben auch viele Kalorien. Kürbiskerne enthalten Eisen, Magnesium und Zink. Sonnenblumenkerne enthalten Vitamin C und nützliche Mengen von Linolsäure. Und Leinsamen sind eine gute Quelle für Lignane, Omega-3- und Omega-6-Fettsäuren sowie für Magnesium.

Energie 293 kcal/1222 kJ; Protein 11,3 g; Kohlenhydrate 18,6 g – davon 2,6 g Zucker; Fett 19,6 g – davon 2,7 g gesättigt; Cholesterin 0 mg; Kalzium 40 mg; Ballaststoffe 2 g; Natrium 11 mg

Paprika-Hummus

Geröstete Paprikaschoten sind ein aromatisches Feuerwerk und ihre kräftige Farbe taucht diesen Hummus in ein tiefes Orange. Wenn Sie es gerne scharf mögen, träufeln Sie ein wenig Harissa-Paste mit extra Olivenöl darüber.

FÜR 4 PERSONEN
Zubereitungszeit: 20 Minuten
Über Nacht einweichen
Kochzeit: 45–75 Minuten

100 g getrocknete Kichererbsen, über Nacht in kaltes Wasser eingeweicht
1 l Wasser, plus 4 EL extra
¼ TL Natron
1 frischer Rosmarinstängel
1 rote Paprikaschote, geviertelt, entstielt und entkernt
1 orangene Paprikaschote, geviertelt, entstielt und entkernt
2 EL Olivenöl
2 EL Tahini
Saft von ½ Zitrone
Salz und Cayennepfeffer
1 TL Harissa-Paste, optional

1. Die eingeweichten Kichererbsen in ein Küchensieb abgießen, dann in einen Topf geben. Das Wasser eingießen und das Natron einrühren. Das Wasser langsam zum Kochen bringen, den entstehenden Schaum mit einem Löffel abschöpfen. Den Deckel halb aufsetzen und 45–75 Minuten köcheln lassen, bis die Kichererbsen weich sind. Die Kichererbsen in ein auf eine Schüssel gestelltes Küchensieb abgießen. 30 Minuten abkühlen lassen.

2. Inzwischen den Grill oder die Grillpfanne mit Folie auslegen, den Rosmarin vom Stängel ziehen und darauf streuen. Die Paprikaviertel mit der Hautseite nach oben auf der Folie arrangieren, dann mit 1 EL Öl beträufeln und 10–15 Minuten grillen, bis die Paprikaschoten weich und die Haut leicht verkohlt ist. Die Paprika mit Folie umwickeln und abkühlen lassen. Später die Folie öffnen und die Paprika herausheben, die Kochsäfte und den Rosmarin aufsparen. Die Haut von den Schoten ziehen und dann das Fleisch hacken.

3. Die Hälfte der gehackten Paprika mit den Kichererbsen (ein paar Löffel zurückbehalten) in einen Mixer geben. Die Tahini, den Zitronensaft und ein wenig Salz und Cayennepfeffer zufügen und glatt pürieren. Abschmecken und mehr Wasser zufügen, falls nötig. Wieder sehr glatt pürieren.

4. Den Hummus in eine flache Schale füllen und mit der Rückseite eines Löffels ein spiralförmiges Muster auf die Oberfläche ziehen. Das restliche Öl und die Rosmarin-Kochsäfte in einer Schüssel vermischen, falls gewünscht das Harissa zugeben, dann die verbleibenden gehackten Paprika und die Kichererbsen einrühren. Salzen und über den Hummus löffeln. Mit warmem Brot oder gemischten Gemüsesticks zum Dippen servieren.

Energie 199 kcal/832 kJ; Protein 8 g; Kohlenhydrate 18 g – davon 6 g Zucker; Fett 11 g – davon 1,5 g gesättigt; Cholesterin 0 mg; Kalzium 20 mg; Ballaststoffe 1,9 g; Natrium 13 mg

Nuss-Hummus

Nicht jeder ist ein Fan von Sesam-Tahini. Aber wenn Sie Pistazien, Mandeln und Pinienkerne in ein wenig Butter anbraten und mit selbstgekochten Kichererbsen pürieren, bekommen Sie einen Hummus, der ebenso geschmackvoll ist und cremige Sämigkeit mit einem köstlich-knusprigen Butter-Topping vereint.

FÜR 4 PERSONEN
Vorbereitungszeit: 20 Minuten
Über Nacht einweichen
Kochzeit: 45–75 Minuten

100 g getrocknete Kichererbsen, über Nacht in kaltes Wasser eingeweicht
1 l Wasser, plus 4–6 EL extra
¼ TL Natron
25 g Butter
2 EL Pinienkerne
2 EL unblanchierte Mandeln, grob gehackt
2 EL Pistazienkerne, grob gehackt
1 Knoblauchzehe, in Scheiben geschnitten
Saft von ½ Zitrone
Salz und Cayennepfeffer

Energie 248 kcal/1033 kJ; Protein 8,2 g; Kohlenhydrate 13,1 g – davon 1,4 g Zucker; Fett 18,5 g – davon 4,2 g gesättigt; Cholesterin 13 mg; Kalzium 16 mg; Ballaststoffe 0,5 g; Natrium 48 mg

1. Die eingeweichten Kichererbsen in ein Küchensieb abgießen, dann in einen Topf geben. Das Wasser eingießen und das Natron einrühren. Das Wasser langsam zum Kochen bringen, den entstehenden Schaum mit einem Löffel abschöpfen. Den Topfdeckel halb aufsetzen und 45–75 Minuten köcheln lassen, bis die Kichererbsen weich sind. Die Kichererbsen in ein Küchensieb abgießen, mit einem sauberen Geschirrtuch abdecken und 15 Minuten abkühlen lassen, bis sie gerade noch warm sind.

2. Die Hälfte der Butter in einer Bratpfanne erhitzen, die Nüsse hinzufügen und auf mittlerer Hitze 3–4 Minuten unter Rühren anbraten, bis sie goldbraun geröstet sind.

3. Die abgegossenen Kichererbsen, die Hälfte der gebratenen Nüsse, den Knoblauch und den Zitronensaft in einen Mixer geben. 4 EL extra Wasser und ein wenig Salz und Cayennepfeffer zugeben. Alles zusammen glatt pürieren. Nachwürzen und extra Wasser zugießen, falls nötig. Wieder sehr glatt pürieren.

4. In eine Schale geben und mit der Rückseite eines Löffels ein spiralförmiges Muster auf die Oberfläche ziehen. Den Rest der Butter mit den verbleibenden Nüssen in die Pfanne geben und erhitzen, bis die Butter schäumt, dann über den Hummus träufeln. Mit warmem Brot und Gemüsesticks zum Dippen servieren.

GUT FÜR DIE GESUNDHEIT
Die proteinreichen Nüsse verleihen dem Hummus grob gehackt einen knusprigen Touch und fein gemahlen eine besondere Sämigkeit. Sie haben zwar viel Fett, aber die guten, ungesättigten Fettsäuren, die uns Energie geben. Dennoch treibt Fett jeder Art die Kalorien in die Höhe, essen Sie daher nur kleine Mengen davon.

Kräuteröl-Hummus

Sie brauchen nicht viele Zutaten, damit ein Gericht wohlschmeckend wird, wichtig ist vielmehr, dass Sie Qualitätsware verwenden. Sommerliche Kräuter und Olivenöl machen diesen Hummus zu einem besonderen Erlebnis. Das Kräuteröl kann auch in heiße Suppen geträufelt werden oder mit Pasta und ein paar gerösteten Walnüssen geschwenkt.

FÜR 4 PERSONEN
Zubereitungszeit: 20 Minuten
Über Nacht einweichen
Kochzeit: 45–75 Minuten

100 g getrocknete Kichererbsen, über Nacht in kaltes Wasser eingeweicht
1 l Wasser, plus 4–6 EL extra
¼ TL Natron
1 große Handvoll frischer Koriander
1 große Handvoll frische glatte Petersilie
4 EL Olivenöl
1 EL Tahini
1 Knoblauchzehe, in Scheiben geschnitten
Saft von ½ Zitrone
Salz und Cayennepfeffer

Energie 203 kcal/845 kJ; Protein 6,6 g; Kohlenhydrate 12,6 g – davon 0,8 g Zucker; Fett 14,3 g – davon 1,9 g gesättigt; Cholesterin 0 mg; Kalzium 28 mg; Ballaststoffe 0,5 g; Natrium 12 mg

1. Die eingeweichten Kichererbsen in ein Küchensieb abgießen, dann in einen Topf geben. Das Wasser eingießen und das Natron einrühren. Langsam zum Kochen bringen, den entstehenden Schaum mit einem Löffel abschöpfen, dann den Topfdeckel halb aufsetzen und 45–75 Minuten köcheln lassen, bis die Kichererbsen weich sind.

2. Inzwischen die Kräuter waschen, trocken schütteln und fein hacken. Das Öl in einer kleinen Bratpfanne erhitzen, die Hitze reduzieren, die Kräuter einrühren und ziehen lassen, während die Kichererbsen noch am Kochen sind.

3. Die Kichererbsen in ein auf eine Schüssel gestelltes Küchensieb abgießen, mit einem sauberen Geschirrtuch abdecken und 30 Minuten abkühlen lassen.

4. Die abgegossenen Kichererbsen, die Tahini, den Knoblauch und den Zitronensaft in einen Mixer geben. 4 EL Wasser sowie ein wenig Salz und Cayennepfeffer zufügen. Glatt pürieren.

5. Nachwürzen und extra Wasser zugießen, falls nötig. Erneut glatt pürieren. Die Hälfte des Kräuteröls in den Hummus geben und leicht verrühren, sodass sich eine Marmorierung ergibt. Den Hummus in eine Schüssel geben und den Rest des Kräuteröls darüber träufeln. Mit Salatherzen und Sticks aus geschälter Gurke und Fenchel servieren.

GUT FÜR DIE GESUNDHEIT

Es ist schon lange kein Geheimnis mehr, dass die mediterrane Küche besonders gesund ist. Reich an Gemüse, Olivenöl und Getreide, dazu ein Gläschen Rotwein in moderaten Mengen. Für eine wirklich gesunde Ernährung ist der Schlüssel jedoch, eine große Bandbreite an unterschiedlichen Nahrungsmitteln zu sich zu nehmen, und solche mit hohem Zuckergehalt auf ein Minimum zu beschränken.

Joghurt-Hummus

Diese Hummus-Version ist sahnig mild und besonders leicht im Geschmack. Sie wird mit fettfreiem griechischem Joghurt hergestellt und sorgt durch das spritzige Zitronenaroma für Sommergefühle. Probieren Sie ihn aufs Sandwich gestrichen oder mit Salat, oder geben Sie ihn auf den Teller und belegen ihn mit gegrillten Garnelen oder Hühnchen.

Für 4 PERSONEN
Zubereitungszeit: 20 Minuten
Über Nacht einweichen
Kochzeit: 45–75 Minuten

100 g getrocknete Kichererbsen, über Nacht in kaltem Wasser eingeweicht
1 l Wasser
¼ TL Natron
125 g fettfreier griechischer Joghurt
Saft von ½ Zitrone
4 TL Tahini
Salz und Cayennepfeffer

Zum Verfeinern:
1 EL fettfreier griechischer Joghurt
einige schwarze und grüne kräutermarinierte Oliven
ein wenig Paprika edelsüß

1. Die eingeweichten Kichererbsen in ein Küchensieb abgießen, dann in einen Topf geben. Das Wasser eingießen und das Natron einrühren. Langsam zum Kochen bringen, den entstehenden Schaum mit einem Löffel abschöpfen, dann mit dem Topfdeckel halb bedecken und 45–75 Minuten köcheln lassen, bis die Kichererbsen weich sind.

2. Die Kichererbsen in ein auf eine Schüssel gestelltes Küchensieb abgießen. Mit einem sauberen Geschirrtuch abdecken und 30 Minuten abkühlen lassen.

3. Die Kichererbsen in einen Mixer geben, den Joghurt, den Zitronensaft und die Tahini zugeben. Dann mit ein wenig Salz und Cayennepfeffer würzen und glatt pürieren.

4. Nachwürzen falls nötig und dann in eine Schale löffeln. Mit extra Joghurt und Oliven toppen und mit ein wenig Paprika würzen. Mit dreieckig geschnittenem warmem Fladenbrot zum Dippen servieren.

GUT FÜR DIE GESUNDHEIT

Von probiotischen Joghurts sagt man, dass sie die guten Bakterien im Darm vermehren und die Verdauung fördern. Aber die mikroskopischen Bakterien, die entstehen, wenn man Milch fermentiert, um Joghurt herzustellen, sind hitzeempfindlich und können durch Pasteurisierung verloren gehen. Aus diesem Grund sind sie nicht in allen Joghurts im Supermarktregal zu finden, und man sollte am besten eine Joghurtmarke wählen, die den Hinweis „lebende Aktivkulturen" trägt. Da griechischer Joghurt gefiltert ist, ist er dicker und cremiger und enthält mehr Protein und weniger Laktose als normaler Joghurt.

TIPP

Tahini kann schnell und leicht zu Hause mit Sesamsamen und ein wenig Öl hergestellt werden. Wenn Sie also im Laden in Ihrer Nähe keine finden können, dann lesen Sie auf den Seiten 22–23, wie Sie Tahini selbst herstellen können.

Energie 127 kcal/537 kJ; Protein 8,5 g; Kohlenhydrate 15,3 g – davon 3,4 g Zucker; Fett 3,9 g – davon 0,5 g gesättigt; Cholesterin 0 mg; Kalzium 69 mg; Ballaststoffe 0 g; Natrium 35 mg

HUMMUS-VARIATIONEN

Während Puristen der Meinung sind, dass Hummus nur aus getrockneten Kichererbsen zubereitet werden sollte, bevorzugen moderne Köche oft die gekochten aus der Dose. In den folgenden Rezepten wird zwar Dosenware verarbeitet, aber Sie können genausogut getrocknete Kichererbsen, die Sie vorher eingeweicht und gekocht haben, verwenden.

Seien Sie ruhig experimentierfreudig und probieren Sie Hummus mit roten Kidneybohnen, schwarzen Bohnen, Mungobohnen oder sogar gefrorenen Favabohnen.

Schneller Hummus

Während selbstgekochte Kichererbsen die Basis von wirklich authentischem Hummus sind, gibt es einfach auch Momente, wenn die Zeit dazu schlicht nicht vorhanden ist. Diese einfache Version wird aus Zeitgründen mit Kichererbsen aus der Dose hergestellt: Geben Sie einfach alle Zutaten in eine Küchenmaschine und pürieren Sie sie. Leichter oder schneller geht es wirklich nicht.

FÜR 4 PERSONEN
Zubereitungszeit: 5 Minuten

400 g Dosen-Kichererbsen in Wasser, abgegossen
2 EL Tahini
Saft von ½ Zitrone
3–4 EL kaltes Wasser
Salz und Cayennepfeffer

Zum Verfeinern:
2 TL Olivenöl
ein wenig Paprika edelsüß oder eine Prise Sumachsamen

1. Einige abgegossene Kichererbsen zum Garnieren zurückbehalten und den Rest in einen Mixer geben. Die Tahini, den Zitronensaft, 3 EL Wasser und ein wenig Salz und Cayennepfeffer hinzufügen und glatt pürieren.

2. Abschmecken und nachwürzen sowie mehr Wasser zufügen, falls nötig. Wieder sehr glatt pürieren.

3. In eine Schale geben und mit der Rückseite eines Löffels ein rundes Muster auf die Oberfläche ziehen. Mit den zurückbehaltenen Kichererbsen, dem Olivenöl und ein wenig Paprika oder Sumachsamen toppen. Mit Paprikaschoten, Karotten, Gurkensticks und ein paar Salatherzen servieren.

GUT FÜR DIE GESUNDHEIT
Wenn Sie Ihre Familie ermutigen, mit Gemüsesticks und Rohkost in Hummus zu stippen, schaffen Sie es auf ganz einfache Art, die Ernährung Ihrer Lieben maßgeblich aufzuwerten. Jedenfalls ist so eine Zwischenmahlzeit viel gesünder als salzhaltiges Knabberzeug oder sonstige verarbeiteten Snacks.

TIPP
Tahini kann in Gläsern gekauft werden und ist in zwei Sorten erhältlich, wobei für Hummus die leichte Version besser geeignet ist. Noch besser ist es allerdings, wenn Sie Ihre eigene Tahini herstellen, was im Mixer unglaublich einfach ist (siehe Seite 22–23).

Energie 164 kcal/687 kJ; Protein 6,1 g; Kohlenhydrate 10,5 g – davon 0,3 g Zucker; Fett 11,1 g – davon 1,5 g gesättigt; Cholesterin 0 mg; Kalzium 28 mg; Ballaststoffe 3,6 g; Natrium 143 mg

Zahtar-Butter-Hummus

Es mag manchen Köchen etwas seltsam anmuten, Butter über Hummus zu träufeln, aber sie verleiht dem Dip eine luxuriöse Üppigkeit. Servieren Sie das Gericht, solange die Butter noch warm ist.

FÜR 4 PERSONEN
Zubereitungszeit: 10 Minuten
Kochzeit: 2 Minuten

25 g Butter
2 TL Zahtar-Gewürzmischung
   (siehe Seite 29)
400 g Dosen-Kichererbsen in
   Wasser, abgegossen
2 EL Tahini
1 Knoblauchzehe, in Scheiben
   geschnitten
Saft von ½ Zitrone
4–6 EL kochendes Wasser
Salz und Cayennepfeffer

1. Die Butter in einem Topf erhitzen, bis sie schaumig wird, dann die Zahtar-Gewürzmischung einrühren. Einige Kichererbsen zum Garnieren zurückhalten, den Rest zusammen mit der Zahtar-Butter in einen Mixer geben.

2. Die Tahini, den Knoblauch, den Zitronensaft und 4 EL Kochwasser zufügen. Mit Salz und Cayennepfeffer würzen. Glatt pürieren. Abschmecken und mehr Wasser zufügen, falls nötig. Wieder sehr glatt pürieren.

3. In eine Schale geben und mit der Rückseite eines Löffels ein spiralförmiges Muster auf die Oberfläche zeichnen. Die verbleibende Zahtar-Butter mit den verbleibenden Kichererbsen erhitzen. Über den Hummus löffeln und sofort mit warmem Fladenbrot oder Pitabrot servieren.

GUT FÜR DIE GESUNDHEIT

Butter wird nicht mehr so kritisch betrachtet wie früher, vor allem nicht, wenn man sie mit Margarine vergleicht. Beide haben einen ähnlichen Fettgehalt und liefern dieselbe Menge Energie, es sei denn, die Margarine ist fettarm oder fettreduziert. Wir brauchen Fett in unserem Körper als Energielieferanten und um unsere lebenswichtigen Organe zu polstern, außerdem enthält Butter die fettlöslichen Vitamine A und D. Entscheidend ist, gesättigte Fette nur in sehr kleinen Mengen zu sich zu nehmen.

Energie 161 kcal/675 kJ; Protein 6,6 g; Kohlenhydrate 10,5 g – davon 0,3 g Zucker; Fett 11,2 g – davon 4 g gesättigt; Cholesterin 13 mg; Kalzium 53 mg; Ballaststoffe 3,6 g; Natrium 185 mg

Würziger Karotten-Hummus

Eine gute Gelegenheit, um ein wenig Gemüse in diesen geschmackvollen Hummus zu schmuggeln, ohne dass die Kinder es merken.

1. 1 EL Öl in einer Bratpfanne erhitzen, die Karotte, die Kreuzkümmel- und Koriandersamen hinzugeben und 2–3 Minuten unter Rühren anbraten, bis sie weich, aber noch bissfest ist. Die Karottenmischung mit den Kichererbsen, der Tahini, dem Joghurt, dem Zitronensaft, 4 EL Wasser, Salz und Cayennepfeffer in einen Mixer geben. Glatt pürieren.

2. Abschmecken sowie extra Wasser zufügen, falls nötig. Wieder sehr glatt pürieren. In eine Schale geben, mit der Rückseite eines Löffels ein spiralförmiges Muster auf die Oberfläche zeichnen, mit dem verbleibenden Öl beträufeln und mit ein wenig Paprika bestreuen. Mit Pita-Crackern (siehe unten) oder mit Gemüsesticks zum Dippen servieren.

FÜR 6 PERSONEN
Zubereitungszeit: 10 Minuten
Kochzeit: 2–3 Minuten

2 EL Olivenöl
1 mittelgroße Karotte,
 grob geraspelt
½ TL Kreuzkümmelsamen,
 grob zerstoßen
½ TL Koriandersamen,
 grob zerstoßen
400 g Dosen-Kichererbsen
 in Wasser, abgegossen
2 EL Tahini
2 EL griechischer Joghurt
Saft von ½ Zitrone
4–6 EL Wasser
Salz und Cayennepfeffer
ein wenig Paprika edelsüß

PITA-CRACKER

Werfen Sie Pitabrot nicht weg, wenn es ein wenig über der Zeit ist: Entweder Sie besprenkeln es mit Wasser und backen es auf, bis es sich im Ofen bauscht, oder Sie schneiden es in Vierecke und legen diese auf ein mit geölter Alufolie ausgelegtes Backblech, beträufeln sie mit ein wenig Olivenöl und bestreuen sie mit der Zahtar-Gewürzmischung. Dann 5–10 Minuten im vorgeheizten Ofen bei 180 °C backen, bis sie knusprig und an den Rändern braun sind.

Energie 118 kcal/494 kJ; Protein 4,4 g; Kohlenhydrate 8,7 g – davon 1,8 g Zucker; Fett 7,5 g – davon 1 g gesättigt; Cholesterin 0 mg; Kalzium 31 mg; Ballaststoffe 2,9 g; Natrium 103 mg

Rote-Bete-Bohnen-Hummus

Dieser herrlich tiefrote Hummus mit dem exotischen Touch ist mit Zahtar aromatisiert, einer beliebten Gewürzmischung aus dem Orient, die mit Thymian, Oregano, Sumach und Sesamsamen gemacht wird. Er ist randvoll mit guten Kohlenhydraten, die uns helfen, Erschöpfung zu bekämpfen und in Schwung zu kommen. Und er muss nicht mal gekocht werden!

1. Die Rote Bete und die abgetropften Bohnen in einen Mixer geben, mit dem Zahtar und dem Paprika bestreuen, dann die Tahini und den Knoblauch zugeben. Abschmecken und fein pürieren.

2. Den Zitronensaft und 4 EL Wasser zugießen und wieder glatt pürieren. Abschmecken sowie Wasser zugießen, falls nötig, dann wieder glatt pürieren.

3. In eine Schale geben, mit der Rückseite eines Löffels ein spiralförmiges Muster ziehen, dann mit Öl beträufeln und mit ein wenig extra Zahtar würzen. Mit rotem Chicorée oder Radicchio zum Aufstippen servieren, wenn Sie den Rot-Effekt noch steigern wollen.

FÜR 6 PERSONEN
Zubereitungszeit: 15 Minuten

2 geputzte Rote Bete, in Stücke geschnitten
400 g Borlotti-Bohnen aus der Dose, abgegossen
1 TL Zahtar-Gewürzmischung (siehe Seite 29)
1 TL Paprika edelsüß
1 EL Tahini
1 Knoblauchzehe, in Scheiben geschnitten
Saft von ½ Zitrone
4–6 EL kaltes Wasser
Salz und Cayennepfeffer

Zum Verfeinern:
1 EL Olivenöl
ein wenig extra Zahtar-Gewürzmischung

GUT FÜR DIE GESUNDHEIT

Rote Bete ist voller Nährstoffe und Antioxidantien. Das Pigment Betacyanin verleiht Roter Bete ihre erstaunliche Farbe und ist zusammen mit Mangan und Vitamin C für die Gesundheit von Augen und Gewebe mit verantwortlich. Auch ist sie reich an anderen Mineralien sowie an Folaten, die beim Zellwachstum und der DNA eine Rolle spielen und daher wichtig für schwangere Frauen sind. Rote Bete kann sogar helfen, die Oxidierung von LDL-Cholesterin zu reduzieren und so das Risiko für Herzerkrankungen zu senken.

TIPP

Statt roher Roter Bete können Sie auch schon vorgekochte in derselben Menge verwenden, aber wenn Sie sie vakuumverpackt kaufen, dann wählen Sie lieber solche, die in natürlichen Säften statt in Essig eingelegt ist.

Energie 87 kcal/366 kJ; Protein 4,1 g; Kohlenhydrate 10,2 g – davon 3,3 g Zucker; Fett 3,6 g – davon 0,5 g gesättigt; Cholesterin 0 mg; Kalzium 39 mg; Ballaststoffe 4,2 g; Natrium 186 mg

Weiße-Bohnen-Feta-Hummus

Mit frischer Minze, Petersilie und Knoblauch aromatisiert, lässt sich dieser ausgesprochen leckere Hummus toll auf warmes Fladenbrot streichen. Oder schichten Sie ihn zusammen mit zerpflückten Salatblättern, geraspelten Karotten und Roter Bete in Gläser für ein gesundes und schnelles Mittagessen, das Ihnen neuen Schwung verleiht.

FÜR 4 PERSONEN
Zubereitungszeit: 10 Minuten

400 g Cannellini-Bohnen aus der Dose, abgetropft
100 g Fetakäse, abgetropft
1 Knoblauchzehe, in Scheiben geschnitten
2 EL Olivenöl
Saft von ½ Zitrone
3 Stängel frische Minze
3 Stängel frische glatte Petersilie
2 EL Wasser
Salz und Cayennepfeffer

Zum Verfeinern
1 EL Olivenöl
ein wenig frische glatte Petersilie, grob gehackt
ein paar kleine frische Minzblätter
1 Prise Paprika

1. Die abgegossenen Bohnen in einen Mixer geben. Ein Viertel des Fetakäses zurückbehalten, den Rest zu den Bohnen einkrümeln. Den Knoblauch, das Öl und den Zitronensaft hinzufügen und glatt pürieren.

2. Die Minze- und Petersilienblätter von den Stängeln ziehen und mit dem Wasser und ein wenig Salz und Cayennepfeffer zu dem Hummus geben. Wieder pürieren, dann extra Wasser und mehr Gewürze zufügen, falls nötig, und sehr glatt pürieren.

3. In eine Schale geben und mit der Rückseite eines Löffels ein spiralförmiges Muster auf die Oberfläche ziehen. Mit extra Olivenöl beträufeln und mit dem verbleibenden, in kleine Stücke zerkrümelten Feta bestreuen, dann mit ein wenig gehackter Petersilie und kleinen Minzblättern garnieren und mit Paprikapulver bestreuen. Mit Paprikastreifen und warmem Focaccia servieren.

TIPP
Pflanzen Sie Petersilie und Minze in Töpfen ein, dann haben Sie immer ein aromatisches Kraut zur Anreicherung von Hummus, Salaten und Eintöpfen im Haus.

GUT FÜR DIE GESUNDHEIT
Fetakäse kann sowohl mit Schafs- als auch mit Kuhmilch gemacht sein und ist randvoll mit Proteinen und den fettlöslichen Vitaminen A und D sowie mit Vitamin B12, das die Gehirnfunktion unterstützt. Er hat jedoch einen höheren Salzgehalt als andere Käsesorten. Beim Würzen des Hummus geben Sie daher nur einen Hauch Salz dazu, weniger als bei anderen Hummus-Rezepten, und schmecken Sie dann nach und nach ab. Die Weltgesundheitsorganisation empfiehlt in ihren Richtlinien, nicht mehr als 6 g oder etwa 1 TL Salz pro Tag zu konsumieren.

Energie 204 kcal/850 kJ; Protein 8,6 g; Kohlenhydrate 12,2 g – davon 2,9 g Zucker; Fett 13,8 g – davon 4,7 g gesättigt; Cholesterin 18 mg; Kalzium 151 mg; Ballaststoffe 5,9 g; Natrium 616 mg

Grünkohl-Hummus

Sie werden Grünkohl wahrscheinlich nicht mit Hummus in Verbindung bringen, aber das nährstoffreiche Gemüse liegt im Trend und enthält viel Lutein und Zeaxanthin, zwei mächtige Antioxidantien, die bei der Krebsbekämpfung eine Rolle spielen. Darüber hinaus ist es prallvoll mit den Vitaminen C und K, Chlorophyll und Eisen, die Ihnen helfen, wenn Sie erschöpft sind.

FÜR 4–5 PERSONEN
Zubereitungszeit: 10 Minuten

400 g Dosen-Kichererbsen in Wasser, abgegossen
25 g zerkleinerter Kohl
3 Stängel frische Petersilie, Blätter von den Stängeln gezogen
1 Knoblauchzehe, in Scheiben geschnitten
2 EL Tahini
Saft von 1 Zitrone
4–5 EL Wasser
Salz und Cayennepfeffer

Zum Verfeinern:
ein wenig extra zerkleinerter Kohl und gehackte frische Petersilie
ein wenig gemahlener schwarzer Pfeffer

1. Die abgegossenen Kichererbsen, den Grünkohl, die Petersilie und den Knoblauch in einen Mixer geben. Die Tahini hinzufügen und den Zitronensaft zugießen.

2. Alles glatt pürieren, dann 4 EL Wasser, ein wenig Salz und Pfeffer zufügen. Glatt pürieren. Abschmecken und mit ein wenig Wasser die Konsistenz optimieren, falls nötig. Wieder sehr glatt pürieren.

3. In eine Schale geben, mit der Rückseite eines Löffels ein spiralförmiges Muster über die Oberfläche ziehen und mit ein wenig extra gehacktem Grünkohl und Petersilie sowie einer Prise schwarzem Pfeffer garnieren, falls gewünscht. Mit Veggie-Sticks und warmem Lavash (siehe Seite 134) oder gewärmtem Pitabrot servieren.

GUT FÜR DIE GESUNDHEIT
Zitronen sind eine reiche Quelle an Vitamin C, das uns hilft, unser Immunsystem zu stärken und Infektionen zu bekämpfen. Dieses lebensnotwendige Vitamin kann vom Körper nicht eingelagert werden und ist hitzeempfindlich. Es in Hummus einzurühren ist eine ganz einfache Art, es solchen Familienmitgliedern zu verabreichen, die kein Obst mögen.

GUT ZU WISSEN
Grünkohl kann schon zerpflückt im Supermarkt gekauft werden oder auch in ganzen Blättern auf Ihrem Bauernmarkt oder im Hofladen. Unter den Kohlarten ist eine hellgrüne, lockige Variante sehr gebräuchlich, die auch „schottischer Kohl" genannt wird; roter russischer Kohl hat breitere, gekräuselte Blätter, während der italienische *cavolo nero*, im Deutschen auch oft schwarzer Kohl genannt, dem Hummus einen sehr viel dunkleren Farbton verleiht.

Energie 98 kcal/411 kJ; Protein 5 g; Kohlenhydrate 8,5 g – davon 0,3 g Zucker; Fett 5,1 g – davon 0,7 g gesättigt; Cholesterin 0 mg; Kalzium 70 mg; Ballaststoffe 3,7 g; Natrium 118 mg

Mais-Bohnen-Hummus

Mit Paprikagewürz im Ofen gebacken erhalten Maiskolben eine würzige Schärfe, die in diesem Rezept eine wunderbare Mischung mit Bohnen, frischen Korianderblättern und Frühlingszwiebeln eingeht. Eine ungewöhnliche und sehr gesunde Hummus-Variante.

FÜR 6 PERSONEN
Zubereitungszeit: 10 Minuten
Kochzeit: 20 Minuten

1 Maiskolben, ohne Blätter
¼ TL Paprika, geräuchert
¼ TL gemahlener Kreuzkümmel
1 TL Tomatenmark
1 EL Sonnenblumen- oder Olivenöl
2 Frühlingszwiebeln, grob gehackt
400 g Cannellini-Bohnen aus der Dose, abgegossen
1 Handvoll frische Korianderblätter
1 EL Tahini
1 EL geschälte Hanfsamen
Saft von ½ Zitrone
2–3 EL kaltes Wasser
Salz und Cayennepfeffer
ein wenig Paprika zum Garnieren

1. Den Backofen auf 180 °C vorheizen. Den Mais auf ein Stück Alufolie geben, dann den geräucherten Paprika, den Kreuzkümmel, das Tomatenmark und das Öl vermischen und den Mais damit bepinseln. Den Mais dann ganz mit Folie umwickeln, das Päckchen auf ein Backblech legen und 20 Minuten im Ofen backen, bis der Mais weich ist. Abkühlen lassen.

2. Das Folienpäckchen öffnen und die Maiskörner mit einem Messer vom Strunk schneiden. Ein paar Körner und ein wenig gehackte grüne Frühlingszwiebeln zum Garnieren beiseite legen und den Rest mit den abgegossenen Bohnen, dem frischen Koriander, den Frühlingszwiebeln, der Tahini und den Hanfsamen in einen Mixer geben. Alles fein pürieren.

3. Den Zitronensaft eingießen, 2 EL Wasser und ein wenig Salz und Cayennepfeffer zugeben und dann glatt pürieren. Abschmecken und ein wenig extra Wasser zugeben, falls nötig.

4. In eine Schale geben und mit dem restlichen Mais, den Frühlingszwiebeln und ein wenig Paprika garnieren. Mit Knäckebrot oder Tortilla Chips servieren.

TIPP

Geräuchertes Paprikapulver fügt ein tolles rauchiges Grillaroma hinzu. Wenn Sie keines haben, benutzen Sie für dieses Rezept stattdessen Chilipulver.

GUT FÜR DIE GESUNDHEIT

Mit seiner natürlichen Süße enthält Mais jede Menge komplexe, d. h. „gute" Kohlenhydrate, darunter Ballaststoffe, die eine stabile und langsame Energiefreisetzung ermöglichen, sowie kleine Mengen von Protein und Kalium. Es enthält auch zwei wichtige Phytochemikalien, Lutein und Zeaxanthin, die das gesunde Sehvermögen fördern. Je frischer die Maiskolben sind, desto nährstoffreicher sind sie auch, und wenn sie gerade geerntet sind, sollte der Mais beim Hineinstechen nicht trocken, sondern saftig sein.

Energie 105 kcal/442 kJ; Protein 4,7 g; Kohlenhydrate 13,5 g – davon 2,3 g Zucker; Fett 4 g – davon 0,5 g gesättigt; Cholesterin 0 mg; Kalzium 33 mg; Ballaststoffe 4,3 g; Natrium 170 mg

Kidneybohnen-Chili-Hummus

Mit diesem feurig-würzigen Hummus wecken Sie Ihre Geschmacksknospen sogar aus dem Tiefschlaf auf. Die Schärfe akkumuliert sich, daher widerstehen Sie besser der Versuchung, noch mehr Chili hinzuzufügen, bis sie einige Bissen davon gegessen haben.

FÜR 4 PERSONEN
Zubereitungszeit: 10 Minuten
Kochzeit: 3 Minuten

- 3 EL Olivenöl
- 2 Knoblauchzehen, in dünne Scheiben geschnitten
- 1 TL getrocknete zerdrückte rote Chilis, plus etwas zum Garnieren
- ½ TL Kreuzkümmelsamen, grob zerstoßen
- 1 TL Paprika edelsüß
- 400 g rote Kidneybohnen aus der Dose in Wasser, abgegossen, in kaltem Wasser geschwenkt und wieder abgegossen
- 1 EL Tahini
- Salz
- 4 EL Wasser

Zum Verfeinern
- 4 Stück sonnengetrocknete Tomaten in Öl, abgegossen und grob gehackt

1. Das Öl, den Knoblauch, die getrockneten Chilis und den Kreuzkümmel in eine kleine Bratpfanne geben und auf niedriger Hitze 3 Minuten anbraten, um die Aromen herauszulocken. Von der Hitze nehmen, mit Paprika bestreuen und abkühlen lassen.

2. Die Kidneybohnen in einen Mixer geben, die Tahini, die Hälfte der Chili-Öl-Mischung und ein wenig Salz hinzufügen. Das Wasser zugießen, dann glatt pürieren. Abschmecken und extra Wasser zugeben, falls nötig.

3. Den Hummus in eine flache Schale geben, mit der Rückseite eines Löffels ein spiralförmiges Muster über die Oberfläche ziehen, dann das verbleibende Chili-Öl darüber träufeln und mit den sonnengetrockneten Tomaten und ein wenig extra getrocknetem Chili garnieren. Mit Brotsticks servieren (siehe Seite 136).

TIPP

Statt solchen aus der Dose, kann man auch getrocknete rote Kidneybohnen verwenden: 100 g über Nacht in kaltes Wasser einweichen, dann abgießen und mit 1 Liter Wasser in einen Topf geben. Zum Kochen bringen und dann – sehr wichtig! – 10 Minuten sprudelnd kochen, anschließend die Hitze reduzieren und weiterköcheln, bis sie weich sind. Dies sind die einzigen getrockneten Hülsenfrüchte, die auf diese Weise gekocht werden müssen, um schädliche Toxine zu zerstören.

Kalorien: Energie 222 kcal/923 kJ; Protein 5,8 g; Kohlenhydrate 12,8 g – davon 2,5 g Zucker; Fett 16,8 g – davon 2,4 g gesättigt; Cholesterin 0 mg; Kalzium 53 mg; Ballaststoffe 5,4 g; Natrium 317 mg

Bohnen-Thunfisch-Hummus

Hülsenfrüchte sind per se eine gute Proteinquelle, aber hier bekommen sie nochmals extra Verstärkung mit einer Dose Thunfisch, die die meisten Köche immer gern in der Speisekammer in Reserve haben. Dieser Hummus lässt sich wunderbar als Dip servieren, aber noch besser ist er als Topping für eine Ofenkartoffel geeignet.

1. Ein wenig von dem Koriander, der roten Paprika und der Frühlingszwiebel hacken und mit ein wenig von dem Thunfisch und einigen Dosenbohnen in eine Schüssel geben. Mit der Zitronenschale und 1 EL von dem Öl mischen, dann zur Seite stellen.

2. Den Rest des Korianders, der roten Paprika, der Frühlingszwiebel, des Thunfischs und der Bohnen in einen Mixer geben. Den Paprika, das Tomatenmark, die Tahini, den Joghurt und das verbleibende Öl zugeben, dann mit Salz und Cayennepfeffer würzen. Glatt pürieren.

3. Abschmecken und nachwürzen, falls nötig. In eine Schale geben, dann mit der Mischung aus gehackter roter Paprika und Thunfisch toppen. Mit Dipsticks aus Zuckerschote, Gurke und Sellerie servieren.

FÜR 6 PERSONEN
Zubereitungszeit: 20 Minuten

- 3 Stängel frischer Koriander
- 1 rote Paprikaschote aus einem Glas mit gerösteten roten Paprika in Salzlake
- 2 Frühlingszwiebeln, in Scheiben geschnitten
- 160 g Dosen-Thunfisch in Wasser, Abtropfgewicht 120 g
- 400 g gemischte Dosen-Bohnen in Wasser, abgetropft
- geraspelte Zitronenschale und Saft von ½ unbehandelten Zitrone
- 2 EL Olivenöl
- 1 TL Paprika edelsüß
- 2 TL Tomatenmark
- 2 EL Tahini
- 2 EL griechischer Joghurt
- Salz und Cayennepfeffer

GUT FÜR DIE GESUNDHEIT

Proteine sind Grundbausteine unseres Körpers. Sie sind essentiell für Wachstum, Reparatur und Erhaltung der Zellen von Muskeln und Knochen bis hin zu Haaren und Fingernägeln, und sie bilden die Substanz von unseren Hormonen, Enzymen und Antikörpern und helfen uns damit, bei Kondition zu bleiben.

TIPP

Fertig gehackte Tiefkühl-Kräuter sind eine gute Reserve, wenn Sie mal nicht eingekauft haben. Ansonsten ist es immer praktisch, wenn Sie das im Supermarkt gekaufte Kräuterpflänzchen zu Hause in ein etwas größeres Behältnis umtopfen und auf dem Küchenfenstersims aufbewahren.

Energie 93 kcal/385 kJ; Protein 5,2 g; Kohlenhydrate 1,2 g – davon 1,1 g Zucker; Fett 7,5 g – davon 1,1 g gesättigt; Cholesterin 10 mg; Kalzium 12 mg; Ballaststoffe 0,3 g; Natrium 72 mg

Bohnen-Oliven-Hummus

Dieser Hummus hat nicht nur eine ungewöhnliche Farbe, sondern ist mit den Aromen von Basilikum und Pesto ein Highlight an mediterranem Geschmack. Vielleicht möchten Sie ihn auch mit einem Salat aus gerösteten Paprikaschoten zu gegrillten Lammspießen oder Steaks servieren.

FÜR 4 PERSONEN
Zubereitungszeit: 15 Minuten
Über Nacht einweichen
Kochzeit: 1 Stunde 10 Minuten

100 g getrocknete schwarze Bohnen, über Nacht in kaltes Wasser eingeweicht
1 l Wasser, plus 3–4 EL extra
4 TL Pesto
3 EL Olivenöl
1 kleine Handvoll frisches Basilikum, plus ein paar kleine Blätter zum Garnieren
110 g entkernte schwarze Kalamata-Oliven
Salz und Cayennepfeffer

1. Die eingeweichten Bohnen abgießen und in einen Topf mit Wasser geben, zum Kochen bringen und den entstehenden Schaum mit einem Löffel abschöpfen. Den Topfdeckel auflegen und etwa 1 Stunde kochen, bis sie weich sind.

2. Die Bohnen in ein Küchensieb abgießen und etwa 15 Minuten stehen lassen, dann in einen Mixer geben. In einem Schälchen 1 TL Pesto mit 2 TL Olivenöl mischen und zur Seite stellen. Den Rest des Pestos und des Öls mit drei Viertel des Basilikums und drei Viertel der Oliven in einen Mixer geben. Mit Salz und Cayennepfeffer würzen und glatt pürieren.

3. Abschmecken und ein wenig Wasser zugießen, falls nötig. In eine flache Schale geben, mit der Rückseite eines Löffels ein spiralförmiges Muster ziehen und mit dem restlichen Pesto-Öl, den Oliven und den kleinen Basilikumblättern garnieren. Mit warmem Oliven-Focaccia, Sellerie- und Gurkensticks servieren.

GUT FÜR DIE GESUNDHEIT
Oliven werden schon seit etwa 5000 Jahren in Ländern der westlichen Mittelmeerregion und des Nahen Ostens angebaut. Hier stehen oft noch Bäume, die so alt sind wie die ersten Bibel- und Korantexte. Genau wie Olivenöl enthalten auch die Früchte selbst gesunde Öle sowie zusätzlich kleine Mengen von Ballaststoffen, Eisen, Kalzium und Vitamin A. 1 EL Olivenöl hat 120 Kalorien, 4–5 Oliven etwa 45 Kalorien.

TIPP
Knoblauchfans geben einfach 1–2 in Scheiben geschnittene Knoblauchzehen in den Mixer, wenn sie die Bohnen pürieren.

Energie 205 kcal/856 kJ; Protein 7,1 g; Kohlenhydrate 13,7 g – davon 0,7 g Zucker; Fett 14 g – davon 1,8 g gesättigt; Cholesterin 2 mg; Kalzium 62 mg; Ballaststoffe 3,8 g; Natrium 640 mg

Favabohnen-Avocado-Hummus

Während Hummus traditionell mit getrockneten Kichererbsen gemacht wird, benutzt man in diesem blitzschnell und einfach nachzukochenden Rezept gefrorene Favabohnen. Die Beigabe von cremiger Avocado verleiht dem Hummus eine samtige Sämigkeit und eine Prise Chili lässt die Geschmacksknospen aufwachen. Puristen mögen zwar die Augenbrauen hochziehen, aber Fakt ist, dass diese Hummus-Variante ein superschnelles, geschmackvolles und gesundes Mittagessen ergibt.

FÜR 4 PERSONEN
Zubereitungszeit: 15 Minuten
Kochzeit: 4–5 Minuten

175 g gefrorene Favabohnen
1 kleine Avocado, halbiert, entkernt
1 Handvoll frische Korianderblätter
1 Frühlingszwiebel, grob gehackt
½–1 rote Chili, halbiert, entsamt und grob gehackt
¼ TL Sumachsamen
Saft von 1 Limette
3–4 EL kaltes Wasser
Salz und Cayennepfeffer

Zum Verfeinern:
ein wenig Sumach
ein wenig extra fein gehackte Chili

1. Die gefrorenen Favabohnen in einen Topf mit kochendem Wasser geben, das Wasser wieder zum Kochen bringen und 4–5 Minuten köcheln, bis sie gerade weich sind. In ein Küchensieb abgießen und zum schnellen Abkühlen mit kaltem Wasser abschrecken.

2. Mit einem Löffel die Avocado aushöhlen, ein Viertel von dem Fleisch zum Garnieren beiseite legen und den Rest in einen Mixer geben. Die Favabohnen dazuschütten, dann den frischen Koriander, die Frühlingszwiebel, ein wenig Chili und die Sumachsamen zugeben. Alles fein pürieren.

3. Den Limettensaft und 2 EL Wasser sowie ein wenig Salz und Cayennepfeffer zugeben. Wieder glatt pürieren. Abschmecken sowie extra Chili und Wasser zugeben, falls nötig. Wieder sehr glatt pürieren. In eine Schale geben, mit der Rückseite eines Löffels ein spiralförmiges Muster auf die Oberfläche ziehen und mit der restlichen gewürfelten Avocado, ein wenig Sumach und rotem Chili garnieren. Sofort mit Selleriesticks zum Dippen servieren.

GUT FÜR DIE GESUNDHEIT

Avocados sind reich an konzentrierter Energie in Form von guten, einfach ungesättigten Fettsäuren plus Vitamin B6, das die Energiefreisetzung fördert. Außerdem enthalten sie mehr Kalium als Bananen, was der Regulierung des Blutdrucks und der Senkung des Risikos von Herzattacken und Schlaganfällen zuträglich ist, und sie sind Lieferanten von Vitamin E und kleineren Mengen von Vitamin C und Lutein, die alle mächtige Antioxidantien sind.

Energie 86 kcal/360 kJ; Protein 4,2 g; Kohlenhydrate 5,9 g – davon 0,9 g Zucker; Fett 5,3 g – davon 1,1 g gesättigt; Cholesterin 0 mg; Kalzium 43 mg; Ballaststoffe 5,5 g; Natrium 8 mg

Sommerlicher Erbsen-Hummus

Dieser leichte, frische und sehr grüne Hummus lässt vor Ihrem inneren Auge den Sommer erstehen. Mit gegrilltem Spargel, Babykarotten, rotem Chicorée und warmem Fladenbrot serviert man ihn am besten als entspannten Appetizer oder als leichtes Mittagessen.

FÜR 4 PERSONEN
Zubereitungszeit: 20 Minuten
Über Nacht einweichen
Kochzeit: 1 Stunde 5 Minuten

100 g getrocknete grüne Spalterbsen, über Nacht in kaltes Wasser eingeweicht
1 l Wasser, plus 2 EL extra
150 g frische enthülste oder gefrorene Erbsen
50 g fetter griechischer Joghurt
1 Handvoll gemischte frische Kräuter, darunter Petersilie, Schnittlauch und/oder Minze
Saft von ½ Zitrone
Salz und Cayennepfeffer

Zum Verfeinern:
1 EL Olivenöl
einige frische Kräuterblätter

1. Die eingeweichten Spalterbsen abgießen und in einen Topf mit Wasser geben, zum Kochen bringen und den entstehenden Schaum mit einem Löffel abschöpfen. Den Topfdeckel halb auflegen und die Erbsen 1 Stunde köcheln lassen, bis sie weich sind.

2. Die frischen oder gefrorenen Erbsen in einen Dämpfer geben und auf den Topf mit den köchelnden Erbsen setzen, mit Deckel 5 Minuten kochen.

3. Die gekochten Spalterbsen in ein Küchensieb abgießen und 15 Minuten abkühlen lassen, dann in einen Mixer geben. Die gedämpften frischen oder gefrorenen Erbsen, den Joghurt, die Kräuter und den Zitronensaft zugeben. Mit Salz und Cayennepfeffer würzen, dann glatt pürieren.

4. Abschmecken sowie 1–2 EL Wasser zugeben, falls nötig. In eine flache Schale geben, mit der Rückseite eines Löffels ein spiralförmiges Muster auf die Oberfläche ziehen, dann nach Belieben ein paar Tropfen Olivenöl und ein paar extra Kräuterblätter zufügen. Mit geröstetem Spargel und Kartoffeln zum Dippen servieren.

GUT FÜR DIE GESUNDHEIT
Frische oder gefrorene grüne Erbsen enthalten knochenbildendes und gegen Osteoporose wirkendes Vitamin K und Mangan sowie Folate, die als wichtige Mikro-Nährstoffe für die Herzgesundheit und die Fötusentwicklung eine Rolle spielen. Durch die Proteine und die Ballaststoffe in den Erbsen werden Sie sich länger satt fühlen als bei einigen anderen Gemüsesorten.

TIPP
Um Spargel zu rösten, die geputzten Stangen mit ein wenig Öl einreiben, mit grobem Salz bestreuen und in einer vorgeheizten Grillpfanne 2–3 Minuten rösten, bis sie heiß, aber noch knackig sind. Karotten brauchen ein paar Minuten länger.

Energie 138 kcal/581 kJ; Protein 9,5 g; Kohlenhydrate 17,6 g – davon 2,2 g Zucker; Fett 3,9 g – davon 0,7 g gesättigt; Cholesterin 0 mg; Kalzium 53 mg; Ballaststoffe 5,6 g; Natrium 14 mg

Mungobohnen-Hummus

Während getrocknete, eingeweichte Kichererbsen noch etwa 75 Minuten kochen müssen, sind eingeweichte Mungobohnen in etwa 30 Minuten weich und stellen daher eine viel schnellere Option dar. Mit würzigen Kräutern vermischt und mit Orangen und Granatapfelkernen gekrönt, ergibt dieser frisch-fruchtige Hummus einen supergesunden Snack oder ein leichtes Mittagessen.

FÜR 4 PERSONEN
Zubereitungszeit: 20 Minuten
Über Nacht einweichen
Kochzeit: 30 Minuten

100 g getrocknete Mungobohnen, über Nacht in kaltes Wasser eingeweicht
1 l Wasser, plus 2 EL extra
1 Tomate, geviertelt, entkernt und in Würfel geschnitten
1 Orange, geschält, segmentiert und in Würfel geschnitten
Kerne von ¼ Granatapfel
½ TL Schwarzkümmelsamen
1 EL Olivenöl
Salz und Cayennepfeffer
1 kleine Handvoll frischer Koriander
1 EL Tahini
Saft von ½ Zitrone

1. Die eingeweichten Bohnen abgießen und in einen Topf mit Wasser geben, zum Kochen bringen und den entstehenden Schaum mit einem Löffel abschöpfen. Den Topfdeckel nur halb auflegen und etwa 30 Minuten köcheln lassen, bis sie weich sind.

2. Die Bohnen in ein Küchensieb abgießen, mit einem sauberen Geschirrtuch bedecken und 15–30 Minuten abkühlen lassen.

3. Die Tomate sowie die Orange und die Granatapfelkerne in eine Schüssel geben. Die Schwarzkümmelsamen, das Olivenöl und ein wenig Salz und Cayennepfeffer einrühren und alles vermischen, dann die Hälfte der Mischung in einen Mixer geben.

4. Etwa 1 EL frischen Koriander fein hacken und zusammen mit 2 EL der gekochten Bohnen mit der in der Schüssel verbliebenen halben Tomatenmischung verrühren. Den Rest des Korianders zerpflücken und zusammen mit dem Rest der Bohnen zu der anderen Hälfte der Tomatenmischung in den Mixer geben und ein wenig nachwürzen. Dann die Tahini und den Zitronensaft zufügen und zu einer glatten Creme schlagen.

5. Abschmecken sowie Wasser zugießen, falls nötig. Wieder kurz pürieren.

6. In eine Schale geben, mit der Unterseite eines Löffels ein spiralförmiges Muster über die Oberfläche ziehen, dann die verbliebene Tomatenmischung darüber löffeln. Mit warmem Fladenbrot servieren.

Energie 133 kcal/559 kJ; Protein 8 g; Kohlenhydrate 14,8 g – davon 3,6 g Zucker; Fett 5 g – davon 0,7 g gesättigt; Cholesterin 0 mg; Kalzium 27 mg; Ballaststoffe 1 g; Natrium 7 mg

HUMMUS-SNACKS

Hummus ist so viel mehr als nur ein Dip – probieren Sie ihn als proteinhaltigen, fett- und kohlenhydratarmen Aufstrich auf Wraps und Sandwiches, benutzen Sie ihn statt Tomatenmark in einer Pitabrot-Pizza oder schichten Sie ihn in schicke Einweckgläser für ein leichtes Mittagessen to go. Die Rezepte sind für zwei Personen berechnet, für vier Personen verdoppeln Sie einfach die Menge.

Blumenkohl-Hummus

Blumenkohl ist wieder in Mode gekommen und hier haben Sie ein Rezept, in dem er mit Gewürzen, Grünkohl und Nüssen, flott verrührt, zu einem knusprigen Topping für sämig-glatten Hummus verarbeitet wird. Diesen köstlichen Snack herzustellen dauert kaum länger als ein Sandwich zu belegen.

FÜR 2 PERSONEN
Zubereitungszeit: 10 Minuten
Kochzeit: 4–6 Minuten

1 EL Olivenöl
½ Blumenkohl, in mundgerechte Röschen geschnitten
¼ TL Kurkuma
¼ TL Kreuzkümmelsamen, grob gehackt
½ TL Koriandersamen, grob gehackt
25 g zerkleinerter Grünkohl
15 g unblanchierte Mandeln, grob gehackt
200 g Hummus (siehe Seite 36) oder Hummus nach Wahl
4 TL Chermoula-Soße, optional (siehe Seite 30)

1. Das Öl in einer Bratpfanne erhitzen, den Blumenkohl zufügen, dann mit den Gewürzen bestreuen und 2–3 Minuten unter Rühren braten, bis er gerade beginnt, an den Rändern golden zu werden.

2. Den Grünkohl und die Mandeln in die Pfanne geben und 2–3 Minuten weiterbraten, bis der Kohl weich ist und die Mandeln braun sind.

3. Den Hummus auf zwei Servierteller geben und mit der Rückseite eines Löffels zu einer glatten Schicht streichen. Die Blumenkohlmixtur in die Mitte geben und sofort servieren, mit der Chermoula-Soße beträufelt, falls gewünscht.

GUT FÜR DIE GESUNDHEIT

Blumenkohl enthält Sulforaphane, von denen manche Wissenschaftler annehmen, dass sie helfen, das Wachstum von manchen Krebsarten zu verlangsamen, plus eine Reihe von Vitaminen, Mineralien, Antioxidantien und Pflanzeninhaltsstoffen. Außerdem hat er wenig Kalorien und ist daher eine gute Unterstützung, wenn Sie auf eine körperbewusste Ernährung wert legen.

Energie 316 kcal/1316 kJ; Protein 12,8 g; Kohlenhydrate 14,9 g – davon 4,6 g Zucker; Fett 23,3 g – davon 2,9 g gesättigt; Cholesterin 0 mg; Kalzium 94 mg; Ballaststoffe 5,8 g; Natrium 685 mg

Grünkohl-Hummus-Bruschetta

Als Alternative zu Butter oder Mayo ergibt Hummus einen viel gesünderen, protein-basierten Aufstrich für ein Sandwich oder einen italienischen Bruschetta-Snack. Wenn Sie dann noch knackigen Grünkohl und fitmachende Nüsse und Körner darauflegen, dann wird dies wirklich ein herausragendes Sandwich.

FÜR 2 PERSONEN
Zubereitungszeit: 10 Minuten
Kochzeit: 5 Minuten

1 EL Olivenöl
1 Knoblauchzehe, fein gehackt
20 g Pekannüsse, halbiert
1 EL Kürbiskerne
1 EL Sonnenblumenkerne
40 g zerkleinerter Grünkohl
2 Scheiben Sauerteigbrot
100 g Hummus (siehe Seite 36) oder Hummus nach Wahl
1 TL Granatapfelsirup
1 TL Balsamico-Essig
ein paar Salzflocken, optional

1. Das Öl in einer Bratpfanne erhitzen, den Knoblauch, die Pekannüsse und die Körner hinzufügen und bei sanfter Hitze 1–2 Minuten unter Rühren anbraten, bis sie gerade anfangen zu bräunen. Den Grünkohl hinzufügen und 3 Minuten unter Rühren braten, bis der Kohl knackig ist und die Nüsse und Körner leicht gebräunt sind.

2. Die Pfanne von der Hitze nehmen, das Brot toasten, dann mit dem Hummus bestreichen. Jede Scheibe halbieren und auf Serviertellern arrangieren. Den Kohl, die Nüsse und die Körner darüber streuen, mit dem Granatapfelsirup und dem Balsamico-Essig beträufeln. Falls gewünscht, mit ein paar Salzflocken bestreuen und sofort servieren.

GUT FÜR DIE GESUNDHEIT

Randvoll mit Vitaminen und Mineralien, sind Pekannüsse eine qualitativ hochwertige Proteinquelle. Sie enthalten zwar Fett, aber den Großteil davon in Form von 60 % einfach ungesättigten und 30 % vielfach ungesättigten Fetten, und fördern daher die Herzgesundheit.

Energie 437 kcal/1825 kJ; Protein 13 g; Kohlenhydrate 35,6 g – davon 2,8 g Zucker; Fett 27,9 g – davon 3,2 g gesättigt; Cholesterin 0 mg; Kalzium 124 mg; Ballaststoffe 5,3 g; Natrium 614 mg

Hummus-Salat in Schichten

Unser modernes Leben stellt hohe Anforderungen und oft schaffen wir es nicht, auch noch an ein gesundes Mittagessen für die Arbeit zu denken. Dieser frische und leuchtend bunte Salat im durchsichtigen Einweckglas kann hier eine echte Alternative sein. Machen Sie ihn am Abend vorher, stellen ihn dann in den Kühlschrank und packen ihn am nächsten Tag einfach in die Tasche, dann haben Sie eine genussreiche Mittagspause.

FÜR 2 PERSONEN
Zubereitungszeit: 20 Minuten

- 200 g grüne Linsen, aus der Dose, abgegossen, mit kaltem Wasser gespült und wieder abgegossen
- 4 TL Olivenöl
- 2 TL roter Weinessig
- ½ TL Tomatenmark
- 1 große Prise gemahlener Kreuzkümmel
- Salz und Cayennepfeffer
- 1 kleine Rote Bete ohne Blätter, geschält und grob geraspelt
- 1 Tomate, gewürfelt
- ½ Romana-Salat, zerpflückt
- 1 kleine Karotte, geschält und grob geraspelt
- 5 cm Gurke, in kleine Würfel geschnitten
- ½ gelbe Paprika, entkernt und in Würfel geschnitten
- 200 g Hummus (siehe Seite 36) oder Hummus nach Wahl
- 2 TL Kürbiskerne
- 2 TL Sonnenblumenkerne

1. Die Linsen auf den Boden von zwei 450- bis 600-ml-Glasgefäßen geben. Das Öl, den Essig, das Tomatenmark und den Kreuzkümmel in einer Schüssel vermischen, dann mit Salz und Cayennepfeffer abschmecken. Über die Linsen geben.

2. Die geraspelte Rote Bete auf die beiden Gläser aufteilen, dann mit der Tomate und dem Salat belegen. Mit der Karotte bedecken, dann die Gurke und die gelbe Paprika zufügen.

3. Als letzte Schicht den Hummus obenauf in die Gläser geben, mit den Körnern bestreuen, dann das Glas mit dem Deckel verschrauben. Bis zum Servieren kalt stellen.

GUT FÜR DIE GESUNDHEIT

Wir sollten alle mindestens 5 Portionen Gemüse und Obst am Tag essen, aber wie viele von uns schaffen das tatsächlich? Dieses regenbogenfarbige Glas enthält schon mal mindestens 3 Portionen.

Energie 359 kcal/1499 kJ; Protein 15,1 g; Kohlenhydrate 32,6 g – davon 11,6 g Zucker; Fett 19,6 g – davon 2,6 g gesättigt; Cholesterin 0 mg; Kalzium 86 mg; Ballaststoffe 10,1 g; Natrium 709 mg

Hummus-Spezial-Lunchbox

Wenn Sie die immer gleichen langweiligen Sandwiches in Ihrer Lunchbox satt haben, dann läuten Sie mit dieser fleisch- und milchfreien Option neue Zeiten ein.

FÜR 2 PERSONEN
Zubereitungszeit: 10 Minuten

1 EL Olivenöl
1 TL Zitronensaft
1 TL Tahini
1 TL Chiasamen
¼ TL Sumachsamen
1 TL Sesamsamen
Salz und Cayennepfeffer
1 kleine Karotte, grob geraspelt
50 g Rotkraut, fein zerpflückt
15 g Spinat oder Grünkohl, fein zerpflückt
2 Vollkornbrötchen mit Körnern
110 g Hummus (siehe Seite 36) oder Hummus nach Wahl

1. Das Öl, den Zitronensaft und die Tahini in eine Schüssel geben, dann die Chia-, Sumach- und Sesamsamen sowie ein wenig Salz und Cayennepfeffer zugeben und alles gut mischen für ein Dressing.

2. Die Karotte, das Rotkraut und den Grünkohl in das Dressing rühren.

3. Die Brötchen aufschneiden, die untere Hälfte mit dem Hummus bestreichen, dann mit dem Salat und der Deckelhälfte belegen. Mit Backpapier umwickeln und zusammen mit ein wenig frischem Obst und ein paar Gurkensticks in eine Lunchbox packen.

GUT ZU WISSEN
Sumach hat kleine violette Samen, die wegen ihres delikaten zitronigen Geschmacks in der orientalischen Küche beliebt sind.

GUT FÜR DIE GESUNDHEIT
Kichererbsen und frisches Gemüse sind reich an komplexen Kohlenhydraten und Ballaststoffen; da diese vom Körper langsam aufgespalten werden, vermitteln sie ein längeres Sättigungsgefühl und helfen, Stimmungswechsel zu vermeiden, wie sie nach zuckerhaltigen Snacks ganz üblich sind.

Energie 314 kcal/1315 kJ; Protein 10,8 g; Kohlenhydrate 31,6 g – davon 5,1 g Zucker; Fett 16,9 g – davon 2,5 g gesättigt; Cholesterin 0 mg; Kalzium 115 mg; Ballaststoffe 6,5 g; Natrium 640 mg

Rote-Bete-Hummus-Sandwich

Diese fleischfreie Version schmeckt mindestens genauso gut wie das traditionelle Club-Sandwich mit Hühnchen, Speck und Mayonnaise, aber im Gegensatz zu diesem strotzt sie vor Vitaminen, Mineralien, Proteinen und guten Kohlenhydraten.

FÜR 2 PERSONEN
Zubereitungszeit: 15 Minuten

6 Scheiben Brot, leicht getoastet
200 g Hummus (siehe Seite 36) oder Hummus nach Wahl
1 Kopfsalat, zerpflückt
1 große Handvoll Brunnenkresse oder Rucola
2 kleine gekochte Rote Bete im eigenen Saft, abgegossen und in dünne Scheiben geschnitten
1 mittelgroße Orange, geschält, in Segmente zerlegt und geschnitten
30 g Fetakäse, abgegossen und zerkrümelt
30 g abgegossene Dill- oder Gewürzgurken, in dünne Scheiben geschnitten

1. Die Toastscheiben auf ein Holzbrett legen, mit Hummus bestreichen, dann 2 Scheiben mit dem Kopfsalat und der Brunnenkresse oder dem Rucola belegen.

2. Je eine weitere Scheibe Hummustoast auf die Lage mit Salat und Brunnenkresse legen. Auf dieser dann die Rote Bete und die Orange arrangieren, anschließend mit dem Fetakäse und den Gewürzgurken belegen.

3. Die restlichen 2 Toastscheiben mit der Hummusseite nach unten obenauf legen und die Sandwich-Stapel zusammenpressen. Jeden Stapel diagonal halbieren und die Dreiecke mit Cocktailsticks oder Zahnstochern zusammenklammern. Auf Servierteller legen oder mit Klarsichtfolie bzw. Backpapier umwickeln, wenn sie in die Lunchbox sollen.

GUT FÜR DIE GESUNDHEIT

Die pfefferige Brunnenkresse ist reich an Vitamin K, das für den Aufbau und die Stärkung der Knochen nötig ist, überdies an Vitamin A und den Antioxidantien Lutein und Zeaxanthin für eine gute Augengesundheit.

TIPP

Dieses Sandwich wird nur so gut sein wie das Brot, das Sie benutzen. Wenn Sie daher eine kräftigere Konsistenz möchten, nehmen Sie statt Toast auch Vollkornbrot oder Bauernbrot mit Körnerkruste.

Energie 469 kcal/1978 kJ; Protein 19 g; Kohlenhydrate 63 g – davon 15,2 g Zucker; Fett 17,5 g – davon 4 g gesättigt; Cholesterin 11 mg; Kalzium 253 mg; Ballaststoffe 8,3 g; Natrium 1346 mg

Steak-Hummus-Wrap

Ein Sandwich, wie es gern in Cafés im Nahen Osten serviert wird, mit paprika-gewürztem Steak von der Rinderlende, in eine warme Tortilla gepackt, die zuvor mit Auberginenhummus (siehe Seite 42) oder rauchigem Maishummus (siehe Seite 76) bestrichen wurde. Dazu kommen noch knackiger Kopfsalat, Spinat, frischer Koriander und geröstete Paprikaschoten, anschließend einfach aufrollen und abbeißen.

FÜR 2 PERSONEN
Zubereitungszeit: 15 Minuten
Kochzeit: 4–10 Minuten

225 g Lendensteak, Fett abgeschnitten
1 Prise Salz
ein wenig Paprika edelsüß
2 TL Olivenöl
2 große weiche Weizentortillas
110 g Hummus
½ Kopfsalat, in Streifen geschnitten
15 g Babyspinat-Blätter
4 Stängel frischer Koriander
100 g geröstete Paprikaschoten aus dem Glas in Salzlake, abgegossen und in Streifen geschnitten
1 kleine Gewürzgurke, abgegossen und in Streifen geschnitten
ein paar in Scheiben geschnittene eingelegte Chilis, abgegossen, optional

1. Eine große, antihaftbeschichtete Bratpfanne vorheizen. Das Steak auf beiden Seiten mit ein wenig Salz und Paprika einreiben, dann das Öl in die Pfanne geben und das Steak 2 Minuten auf jeder Seite anbraten für Medium rare bis Medium, oder 4–5 Minuten auf jeder Seite, wenn es gut durchgegart sein soll. Aus der Pfanne nehmen und zur Seite stellen, während der Rest des Wraps zubereitet wird.

2. Die Tortillas nacheinander in der Steakpfanne aufwärmen. Jede Tortilla dann auf ein quadratisches Stück Backpapier legen. Die Tortillas mit dem Hummus bestreichen, anschließend in der Mitte der Fladen den Kopfsalat und den Spinat in einer Reihe anordnen. Den frischen Koriander, die roten Paprikastreifen und die Gewürzgurken dazugeben. Nach Wunsch ein wenig eingelegte Chili hinzufügen.

3. Das Steak in dünne Streifen schneiden und auf den Tortillafüllungen arrangieren. Die Enden der Tortillas einklappen und dann alles fest aufrollen, um die Füllung einzuschließen. Falls nötig, das Backpapier benutzen, um alles zusammenzuhalten. Beide Wraps halbieren und mit einem Stapel Papierservietten sofort servieren.

GUT FÜR DIE GESUNDHEIT

Rotes Fleisch bekommt von Ernährungsspezialisten oft schlechte Noten, aber meist gilt das nur, wenn man zu oft oder zu viel davon isst. Immerhin ist es ein wertvoller Eisen- und Proteinlieferant. Schneiden Sie vor dem Kochen das Fett weg und nehmen Sie nicht mehr als 110 g für eine Portion.

TIPP

Die meisten von uns übertreiben es gerne beim Fleischkauf, wenn wir im Sommer einen Grillabend planen. Solche Grillreste eignen sich wunderbar für dieses Sandwich. Ob nun Hühnchen, Lamm oder sogar Würstchen, in dieser Tortilla lässt sich statt des Steaks auch das übriggebliebene Fleisch vom Vortag verwenden.

Energie 441 kcal/1854 kJ; Protein 34,3 g; Kohlenhydrate 43,5 g – davon 5,2 g Zucker; Fett 15,6 g – davon 3,4 g gesättigt; Cholesterin 65 mg; Kalzium 106 mg; Ballaststoffe 4,9 g; Natrium 645 mg

Süßkartoffel mit Hummus

Eine gebackene Ofenkartoffel ist ein einfaches warmes Mittagessen. Hier gibt es eine neue Variante mit einer Süßkartoffel, die mit proteinreichem und dafür fettärmerem Hummus gefüllt wird, statt mit Butter oder Frischkäse.

FÜR 2 PERSONEN

Zubereitungszeit: 10 Minuten
Kochzeit: 45–60 Minuten

- 2 Süßkartoffeln à ca. 350 g, abgebürstet
- 2 Tomaten, in Würfel geschnitten
- 2 Stück Gurke à ca. 5 cm, entkernt und in Würfel geschnitten
- ¼ rote Zwiebel, fein gehackt, oder 1 Frühlingszwiebel
- ½ gelbe Paprikaschote, entstielt, entkernt und gewürfelt
- 2 EL frische gehackte Petersilie
- 1 EL Olivenöl
- Saft von ½ Zitrone
- 110 g Hummus (siehe Seite 36) oder Hummus nach Wahl

1. Den Backofen auf 200 °C vorheizen. Jede Kartoffel mehrmals mit einer Gabel einstechen, dann auf ein Backblech legen und im Ofen 45–60 Minuten backen, bis sie weich ist.

2. Inzwischen die Tomaten, die Gurke, die Zwiebel und die gelbe Paprika in einer Schüssel mischen. Die Petersilie, das Öl und die Zitrone einrühren und zur Seite stellen.

3. Wenn die Kartoffeln gar sind, jede der Länge nach aufschneiden, leicht aufklappen und auf 2 Servierteller legen. Jede mit dem Hummus befüllen, dann mit dem Salat toppen und servieren.

GUT FÜR DIE GESUNDHEIT

Süßkartoffeln mit ihrem leuchtend orangefarbenen Fleisch sind eine hervorragende Quelle für Betacarotin, das vom Körper in Vitamin A und Vitamin C umgewandelt wird, beides machtvolle Antioxidantien, die helfen können, vor Krebs zu schützen.

Energie 494 kcal/2090 kJ; Protein 9,7 g; Kohlenhydrate 88,1 g – davon 27,9 g Zucker; Fett 14 g – davon 2,2 g gesättigt; Cholesterin 0 mg; Kalzium 118 mg; Ballaststoffe 15,6 g; Natrium 518 mg

Hummus-Feta-„Pizzen"

Wir alle brauchen von Zeit zu Zeit eine schnelle Mahlzeit für alle Fälle. Sicherlich haben Sie immer ein Glas Hummus fertig im Kühlschrank. Feta hält gekühlt monatelang und auch Gläser mit sonnengetrockneten Tomaten und gerösteten roten Paprika oder eine Tube Tomatenmark kann man immer im Regal haben. Tiefkühl-Pitabrote lassen sich im Ofen schnell auftauen und die einzige Zutat, die Sie vielleicht gerade nicht vorrätig haben, ist der Rucola oder ein anderer grüner Salat. Dann lassen Sie ihn eben einfach weg.

FÜR 2 PERSONEN
Zubereitungszeit: 10 Minuten
Kochzeit: 6 Minuten

1 Tomate, gewürfelt
15 g abgetropfte sonnengetrocknete Tomaten in Öl, grob gehackt
40 g abgetropfte geröstete rote Paprika aus dem Glas (in leichter Salzlake), grob gehackt
¼ kleine rote Zwiebel, in dünne Scheiben geschnitten
1 Prise getrockneter Oregano
Salz und Cayennepfeffer
2 Pitabrote
2 TL Tomatenmark
110 g Hummus (siehe Seite 36)
40 g Fetakäse, abgegossen und zerkrümelt
2 TL Olivenöl, optional
1 Handvoll Rucolablätter

1. Den Grill oder Backofen vorheizen. Die frischen und sonnengetrockneten Tomaten, die eingelegten roten Paprika und die rote Zwiebel in eine Schüssel geben und mit ein wenig Oregano sowie Salz und Cayennepfeffer würzen.

2. Die Pitabrote im Backofen 1–2 Minuten auf jeder Seite aufbacken, bis sie sich bauschen. Mit dem Tomatenmark, dann mit dem Hummus bestreichen. Die Tomaten-Paprika-Mixtur darüber geben, dann mit dem Fetakäse bestreuen.

3. 2–3 Minuten backen, bis die Mischung heiß und der Feta goldbraun getönt ist. Mit ein wenig Olivenöl beträufeln, falls gewünscht. Die Pizzen dann auf ein Brett legen und mit Rucolablättern bestreuen. Sofort servieren.

Energie 393 kcal/1651 kJ; Protein 14,9 g; Kohlenhydrate 50,5 g – davon 5,7 g Zucker; Fett 16 g – davon 4,3 g gesättigt; Cholesterin 14 mg; Kalzium 217 mg; Ballaststoffe 4,3 g; Natrium 1086 mg

GUT FÜR DIE GESUNDHEIT

Geröstete rote Paprika im Glas gibt es in jedem Supermarkt. Nehmen Sie die in Wasser oder Essig eingelegten; sie haben viel weniger Kalorien als die in Öl konservierten, die bei einer Menge von 100 g etwa 40 Kalorien und 1–1,7 g Salz haben. Nach dem Öffnen im Kühlschrank aufbewahren.

Ei auf überbackenem Fladenbrot

Dieser klassische Snack setzt ganz neue Akzente für ein schnelles und einfaches Mittag- oder sogar Abendessen auf Hummus-Basis. Es ist eine sehr leckere Alternative zu Tiefkühlpizza und benötigt etwa die gleiche Backzeit.

FÜR 2 PERSONEN
Zubereitungszeit: 10 Minuten
Kochzeit: 14–17 Minuten

2 Chapatis mit 18 cm Durchmesser oder eine 180-g-Packung mit ähnlich großen Fladenbroten (siehe auch Seite 138)
150 g Hummus (siehe Seite 36) oder Hummus nach Wahl
25 g Butter
175 g Speisepilze, in Scheiben geschnitten
1 Knoblauchzehe, fein gehackt
50 g Babyspinat
Salz und Cayennepfeffer
2 Eier
1 TL Harissa-Paste
2 TL Olivenöl

1. Den Backofen auf 190 °C vorheizen. Die Fladenbrote auf ein großes Backblech legen, dann jedes Brot mit dem Hummus bestreichen.

2. Die Butter in einer Bratpfanne erhitzen, die Pilze hinzufügen und 2–3 Minuten anbraten, bis sie gerade Farbe anzunehmen beginnen. Den Knoblauch und den Spinat hinzufügen und 2 Minuten braten, bis der Spinat zusammenfällt. Mit Salz und Cayennepfeffer würzen und auf die Fladenbrote geben.

3. Auf jedem Fladenbrot eine Vertiefung in die Mitte zwischen dem Gemüse machen, dann ein Ei hineinschlagen. Das Ganze dann 10–12 Minuten backen, bis die Eiweiße stocken und die Dotter noch weich sowie die Fladenbrote gut durcherhitzt sind.

4. Auf Servierteller geben. Das Harissa und das Öl vermischen, über die Eier träufeln und sofort servieren.

TIPP
Wenn Sie kein Harissa haben, geben Sie ein wenig süße Chili-Soße oder fein gehackte rote oder grüne Chili als Würze hinzu.

Energie 550 kcal/2303 kJ; Protein 22,1 g; Kohlenhydrate 48,9 g – davon 3,5 g Zucker; Fett 31 g – davon 10,2 g gesättigt; Cholesterin 258 mg; Kalzium 169 mg; Ballaststoffe 4,4 g; Natrium 810 mg

MAHLZEITEN MIT HUMMUS

Machen Sie Hummus zu einem festen Bestandteil Ihrer Hauptmahlzeit, indem Sie ihn als Alternative zu Kartoffelpüree, Reis oder Pasta auf den Servierteller streichen und dann mit Fleischklößchen, langsam gegarten Tajines, Schmorgerichten oder gegrillten Fleischspießen belegen.

Hummus ist sehr vielseitig und kann auf verschiedene Arten mit anderen Speisen kombiniert werden.

Kräuter-Fleischklößchen

Wir sind zwar eher daran gewöhnt, Fleischklößchen mit Nudeln oder Reis zu servieren, aber Hummus ist dazu eine tolle Alternative: Den Hummus mit einem Löffel auf den Teller streichen und den Rand etwas erhöhen, um die köstlichen Kräutersäfte zu halten, dann mit dem Löffel eintauchen und eine wahre Geschmackssensation erleben.

FÜR 4 PERSONEN
Zubereitungszeit: 15 Minuten
Kochzeit: 22 Minuten

1 EL Olivenöl
24 Rindfleischklößchen (ca. 700 g, falls fertig gekauft)
2 Knoblauchzehen, fein gehackt
1 TL Koriandersamen, grob zerstoßen
1 Bund Frühlingszwiebeln, in dünne Scheiben geschnitten, weiße und grüne Scheiben getrennt aufbewahren
300 ml Hühnerbrühe
150 g gefrorene Edamame- oder Favabohnen
110 g Tiefkühlerbsen
2 TL Stärkemehl
Saft von ½ Zitrone
Salz und Cayennepfeffer
3 EL gehackter frischer Dill
3 EL gehackte frische glatte Petersilie
450 g Hummus (siehe Seite 36) oder Hummus nach Wahl

1. Das Öl in einer großen Bratpfanne erhitzen, die Fleischklößchen zugeben und 5 Minuten auf mittlerer Hitze unter häufigem Wenden anbraten, bis sie leicht gebräunt sind.

2. Den Knoblauch, die Koriandersamen und die weißen Anteile der Zwiebeln zugeben und 2 Minuten anbraten, bis die Zwiebeln gerade weich sind.

3. Die Brühe angießen, dann abdecken und 10 Minuten köcheln lassen, bis die Fleischklößchen fast durchgegart sind. Das Tiefkühlgemüse zugeben und 3 Minuten kochen.

4. Das Stärkemehl mit dem Zitronensaft zu einer Paste mischen, in die Soße rühren und mit ein wenig Salz und Cayennepfeffer würzen, dann über die grünen Spitzen der Frühlingszwiebeln träufeln. Unter Rühren 2 Minuten köcheln, bis die Soße eingedickt ist und die Fleischklößchen durchgegart sind, dann die gehackten Kräuter einrühren.

5. Den Hummus auf Servierteller oder flache Schalen aufstreichen, dann zusammen mit den Fleischklößchen, dem Gemüse und der Soße servieren.

GUT FÜR DIE GESUNDHEIT

Tiefkühlgemüse wird innerhalb von wenigen Stunden nach der Ernte eingefroren, damit es nicht zuviel an Nährwert verliert. Edamame-Bohnen sehen genauso aus wie Favabohnen, haben aber einen viel höheren Proteinwert. Sie sind eine tolle Zugabe zu Suppen und Salaten oder können auch in den Hummus selbst hineingemischt werden. Tiefkühlerbsen enthalten Vitamin B, Vitamin C, Phosphor und Ballaststoffe. Da das Gemüse eingefroren ist, entsteht auch kein Abfall: Nehmen Sie einfach so viel heraus, wie Sie gerade brauchen, und geben Sie es direkt in die Pfanne.

Energie 667 kcal/2774 kJ; Protein 45,6 g; Kohlenhydrate 21,2 g – davon 3,8 g Zucker; Fett 45 g – davon 14 g gesättigt; Cholesterin 101 mg; Kalzium 84 mg; Ballaststoffe 8,1 g; Natrium 892 mg

Musabaha

Jedes Land oder jede Region hat ihre spezielle Leib-und-Magen-Speise, und im östlichen Mittelmeerraum sowie im Nahen Osten ist das Musabaha oder Masabacha. Hummus wird hier mit langsam gekochten und mild gewürzten Kichererbsen, einem Löffel Tahini und einem hart gekochten Ei getoppt.

FÜR 4 PERSONEN
Zubereitungszeit: 20 Minuten
Kochzeit: 45–65 Minuten

200 g getrocknete Kichererbsen, über Nacht in kaltes Wasser eingeweicht
2 l Wasser
½ TL Natron
1 TL Kreuzkümmelsamen, grob zerstoßen
1 TL Koriandersamen, grob zerstoßen
4 Eier
3 EL Olivenöl
3 Knoblauchzehen, in Scheiben geschnitten
1–2 grüne Chilis, entkernt und fein gehackt, nach Belieben
2 EL Tahini
Salz
450 g Hummus (siehe Seite 36)
2 TL Paprika edelsüß
ein wenig grob gehackte, frische glatte Petersilie, zum Garnieren
Zitronenspalten und extra Olivenöl, zum Anreichen

1. Die eingeweichten Kichererbsen in ein Küchensieb abgießen, dann in einen Topf geben. Das Wasser eingießen und das Natron und die zerstoßenen Samen einrühren. Wasser zum Kochen bringen, dann den entstehenden Schaum mit einem Löffel abschöpfen, den Topfdeckel halb auflegen und 40–60 Minuten köcheln lassen, bis die Kichererbsen weich sind, ihre Form aber noch behalten.

2. Wenn die Kichererbsen fast fertig sind, die Eier in einen Topf mit kaltem Wasser geben, das Wasser zum Kochen bringen und die Eier dann 8 Minuten hart kochen. Abgießen, mit kaltem Wasser abschrecken, die Schale aufschlagen, dann schälen und zur Seite legen.

3. Die gekochten Kichererbsen in ein auf einer Schüssel stehendes Küchensieb abgießen, um ein wenig von dem Kochwasser aufzufangen. Das Öl in einer großen Bratpfanne erhitzen, den Knoblauch und den Chili hinzufügen und 2 Minuten auf mittlerer Hitze anbraten, um die Aromen freizusetzen. Die warmen Kichererbsen zugeben und 2–3 Minuten unter Rühren anbraten.

4. Die Tahini und ein wenig von der aufgefangenen Kochflüssigkeit zum Verdünnen einrühren, nach Geschmack salzen und 1–2 Minuten garen.

5. Den Hummus auf Servierteller streichen und die Kichererbsen darauf geben. Die Eier in Viertel schneiden, zu den Kichererbsen geben und mit Paprika und Petersilie bestreuen. Sofort servieren, mit Zitronenspalten zum Ausdrücken und einem Fläschchen Olivenöl, falls die Gäste noch ein wenig zusätzlich hinzufügen möchten.

Energie 582 kcal/2434 kJ; Protein 28,5 g; Kohlenhydrate 38,7 g – davon 3,5 g Zucker; Fett 35,9 g – davon 5,6 g gesättigt; Cholesterin 231 mg; Kalzium 165 mg; Ballaststoffe 10,7 g; Natrium 858 mg

Couscous mit Aubergine

Hummus wird hier nicht als Grundlage für andere Speisen serviert, sondern als wohlschmeckendes und proteinstrotzendes Topping zu einer knoblauch-getränkten gebratenen Aubergine. Entscheiden Sie sich je nach Gusto für einen traditionellen Hummus (siehe Seite 36) oder einen mit anderen Zutaten angereicherten, etwa mit gegrilltem Mais (siehe Seite 76) oder mit Spinat (siehe Seite 44).

FÜR 4 PERSONEN
Zubereitungszeit: 25 Minuten
Kochzeit: 30 Minuten

4 große Auberginen
4 EL Olivenöl
1 TL Harissa-Paste
2 Knoblauchzehen, fein gehackt
Salz und Cayennepfeffer
200 g Couscous
350 ml kochendes Wasser
geraspelte Schale und Saft von ½ Zitrone
3 Frühlingszwiebeln, fein gehackt
2 Tomaten, gewürfelt
100 g geröstete rote Paprika in leichter Salzlake aus dem Glas, abgetropft und gewürfelt
3 EL frisch gehackte Minze
3 EL frisch gehackte Petersilie
200 g Hummus (siehe Seite 36) oder Hummus nach Wahl
1 Handvoll Rucolablätter
ein paar Tropfen Olivenöl, optional

1. Den Backofen auf 200 °C vorheizen. Jede Aubergine längs halbieren, in eine Bratpfanne geben und an der Schnittfläche kreuzweise einschneiden. Die Hälfte des Öls und die Hälfte des Harissas mit dem Knoblauch vermengen, dann die Auberginen damit bestreichen. Mit ein wenig Salz und Cayennepfeffer bestreuen und 30 Minuten rösten, bis die Auberginen weich sind.

2. Inzwischen den Couscous in eine große Schüssel geben, das kochende Wasser darüber gießen, dann mit einem Teller abdecken. 5 Minuten einweichen lassen.

3. Für das Dressing das verbleibende Olivenöl mit dem restlichen Harissa, der Zitronenschale und dem Zitronensaft vermengen, dann mit Salz und Cayennepfeffer würzen.

4. Den Couscous mit einer Gabel auflockern, dann das Dressing einrühren. Die Zwiebeln, die Tomaten, die Paprikaschoten und die Kräuter hineinmischen, dann wieder mit dem Teller bedecken und zur Seite stellen.

5. Wenn die Auberginen fertig sind, den Couscous auf Servierteller geben und mit je einer gerösteten Auberginenhälfte sowie einem großzügigen Löffel Hummus belegen. Mit Rucolablättern garnieren und mit etwas Olivenöl beträufeln, wenn gewünscht.

> **TIPP**
> Wenn Sie kein Auberginen-Fan sind, dann ersetzen Sie sie mit dicken Blumenkohl-Scheiben, bestreichen Sie diese mit der Harissa-Knoblauch-Mixtur und braten Sie sie 15 Minuten lang.

Energie 350 kcal/1460 kJ; Protein 9,1 g; Kohlenhydrate 38,3 g – davon 7,4 g Zucker; Fett 18,8 g – davon 2,6 g gesättigt; Cholesterin 0 mg; Kalzium 83 mg; Ballaststoffe 7,8 g; Natrium 364 mg

Honig-glasierte Hähnchenspieße

Heiße Hähnchenspieße auf Holzkohle gegrillt und auf wundervoll kühlem Hummus serviert: Eine leichte Sommermahlzeit, die sicherlich Urlaubserinnerungen an die Türkei oder den Orient heraufbeschwören wird. Aber auch wenn es draußen grau und regnerisch ist, können Sie sich behelfen: Braten Sie die Spieße im Grill oder Backofen oder benutzen Sie eine geriffelte Grillpfanne.

FÜR 4 PERSONEN
Zubereitungszeit: 15 Minuten
Marinierzeit: 30 Minuten
Kochzeit: 10–12 Minuten

2 EL Olivenöl
4 EL frisch gepresster Orangensaft
2 TL klarer Honig
1 TL süßer oder milder Paprika, plus extra zum Garnieren
1 TL getrockneter Oregano
Salz und Cayennepfeffer
500 g Hühnerbrustfilet, in Würfel geschnitten
450 g Hummus (siehe Seite 36) oder Hummus nach Wahl
4 EL griechischer Joghurt
ein wenig grob gehackte frische Minze oder glatte Petersilie
ein paar Granatapfelkerne, optional

1. Das Öl, den Orangensaft, den Honig, das Paprikapulver und den Oregano in eine Schüssel geben und mit Salz und Cayennepfeffer würzen. Alles vermengen, dann das Hähnchenfleisch zugeben und wieder mischen. Die Schüssel mit Klarsichtfolie bedecken und im Kühlschrank mindestens 30 Minuten marinieren.

2. Das Hähnchen noch einmal in der Würze wenden, dann auf 8 Metallspieße stecken und auf den vorgeheizten Grill, in den Backofen oder in eine Grillpfanne legen. Ein- bis zweimal wenden und etwa 10–12 Minuten garen, bis das Hühnerfleisch tiefbraun und durchgegart ist und keine rosafarbenen Säfte mehr verliert.

3. Den Hummus auf Servierteller geben und mit der Rückseite eines Löffels ausstreichen. Je 2 Hähnchenspieße, einen Löffel Joghurt, eine Prise Paprika, ein paar gehackte Kräuter und, falls gewünscht, Granatapfelkerne zufügen und sofort servieren.

GUT FÜR DIE GESUNDHEIT

Hähnchenfleisch ist reich an Proteinen, die wahre Wunder wirken bei der Schaffung von neuen sowie der Erhaltung und Reparatur von bestehenden Zellen und bei der Produktion von Enzymen, welche bei Verdauung, Stoffwechsel und Fetteinlagerung förderlich sind. Mit nur 1 g gesättigtem Fett und 4 g Gesamtfett bei 100 g Gewicht ist gekochte Hühnerbrust auch ein fettarmes Essen.

TIPP

Wenn Sie keine Metallspieße haben, dann benutzen Sie welche aus Holz, aber weichen Sie sie vorher in kaltes Wasser ein, damit sie beim Grillen nicht so leicht verbrennen.

Energie 413 kcal/1731 kJ; Protein 39,5 g; Kohlenhydrate 17,5 g – davon 6,6 g Zucker; Fett 21,1 g – davon 2,9 g gesättigt; Cholesterin 88 mg; Kalzium 78 mg; Ballaststoffe 3,6 g; Natrium 841 mg

Würziges Rinderhackfleisch

Hackfleisch kann man für so viel mehr benutzen als nur für Spaghetti Bolognese oder Hackbraten. Im folgenden Rezept wird Rinderhack – Sie können genauso gut Lammhack probieren – mit Knoblauch, Gewürzen und ein wenig Brühe gebraten. Servieren Sie es auf einer Hummus-Unterlage mit Trockenkirschen als süßsaurem Akzent, frischer Petersilie und einem Löffel kühlendem Joghurt.

FÜR 4 PERSONEN
Zubereitungszeit: 15 Minuten
Kochzeit: 20 Minuten

1 EL Olivenöl
500 g mageres Rinderhack
1 Zwiebel, gehackt
2 Knoblauchzehen, fein gehackt
½ TL gemahlener Zimt
2 TL Paprika edelsüß
1 EL Zahtar-Gewürzmischung (siehe Seite 29)
5 Pimentkörner, zerstoßen, oder ¼ TL gemahlen
2 EL Sultaninen
150 ml Rinderbrühe
Salz und Cayennepfeffer
30 g Trockenkirschen
2 EL kochendes Wasser
450 g Hummus (siehe Seite 36) oder Hummus nach Wahl
ein wenig Olivenöl, optional
110 g griechischer Joghurt
1 Handvoll frische glatte Petersilie, grob gehackt
ein wenig Tarator-Soße (siehe Seite 31), optional

1. Das Öl in einer Bratpfanne mit Deckel erhitzen, das Rinderhack zugeben und auf mittlerer Hitze 5 Minuten unter Rühren anbraten, bis es leicht gebräunt ist. Die Zwiebel und den Knoblauch zufügen und weitere 5 Minuten unter Rühren braten, bis die Zwiebel goldgelb ist.

2. Die Gewürze, die Sultaninen und die Brühe einrühren. Mit Salz und Cayennepfeffer würzen, dann den Deckel auf die Pfanne geben und 10 Minuten unter gelegentlichem Rühren weiterbraten. Inzwischen die Trockenkirschen in eine Schüssel geben und in dem kochenden Wasser einweichen. Das Rinderhack nochmals umrühren, dann die eingeweichten Kirschen hinzufügen.

3. Den Hummus auf Servierteller geben, dann mit der Rückseite eines Löffels über die Teller verstreichen. Mit der Rindfleischmischung belegen und mit ein wenig Olivenöl beträufeln, falls gewünscht, dann auf jeden Teller einen großen Löffel Joghurt geben und mit Petersilie bestreuen. Ein wenig Tarator-Soße (siehe Seite 31) zugeben und sofort servieren.

GUT FÜR DIE GESUNDHEIT

Trockenobst steigert den Nährwert von süßen wie würzigen Rezepten. So finden sich in Sultaninen B-Vitamine und natürliche Zucker zur Energiesteigerung. Bei Kirschen denkt man eher an Torten, aber sie verleihen auch würzigen Gerichten eine wunderbar süßsaure Note und sind eine gute Kupferquelle – ein essentielles Mineral, das die Kollagenproduktion anregt und den Zellen hilft, Energie zu produzieren, plus die Vitamine A und C. Viele Menschen, die an Gicht leiden, erzählen, dass sich ihre Anfälle reduziert haben, seit sie jeden Tag eine Handvoll Trockenkirschen essen.

Energie 529 kcal/2212 kJ; Protein 38,9 g; Kohlenhydrate 28,4 g – davon 15,5 g Zucker; Fett 29,7 g – davon 7,5 g gesättigt; Cholesterin 70 mg; Kalzium 145 mg; Ballaststoffe 5,1 g; Natrium 894 mg

121

Chermoula-Lamm mit Zucchini

Chermoula ist eine schnell und leicht herzustellende rohe Kräuter-Knoblauch-Soße, die Salatdressings, Marinaden oder Hummus einen ganz besonderen Geschmack verleiht. Sie passt perfekt zu Lammfleisch auf Hummus.

FÜR 4 PERSONEN
Zubereitungszeit: 30 Minuten
Marinierzeit: 4 Stunden
Kochzeit: 18–23 Minuten

100 g griechischer Joghurt
600 g kleine Steaks von der Lammkeule, ohne Knochen, in Stücke geschnitten
2 Zucchini, in dünne, diagonale Scheiben geschnitten
450 g Hummus (siehe Seite 36) oder Hummus nach Wahl
ein wenig zerpflückte frische Koriander- und Petersilienblätter

Für 100 g Chermoula-Soße:
2 Knoblauchzehen, in Scheiben geschnitten
1 Handvoll frischer Koriander und glatte Petersilie gemischt
1 große rote Chili, halbiert, entsamt und gehackt
1 TL Kreuzkümmelsamen, grob zerstoßen
2 EL Olivenöl
Saft von 1 Zitrone
Salz und Cayennepfeffer

1. Erst für die Chermoula-Soße den Knoblauch, die Kräuter und die Chili in einen Mixer geben. Fein mahlen, dann die Kreuzkümmelsamen, das Olivenöl und den Zitronensaft zugeben. Mit Salz und Cayennepfeffer abschmecken und nochmals kurz mixen.

2. Die Hälfte der Chermoula-Soße in eine Schüssel geben, dann den Joghurt und das in Würfel geschnittene Lamm zugeben und verrühren. Zugedeckt mindestens 4 Stunden in den Kühlschrank stellen.

3. Die Zucchinischeiben auf einem großen Teller arrangieren und mit ein wenig von der verbleibenden Chermoula-Soße bestreichen. Mit Klarsichtfolie bedecken und kalt stellen.

4. Kurz vor dem Servieren den Grill, den Backofen oder eine Grillpfanne vorheizen. Die Lammstücke aus dem Joghurt heben und auf 8 Metallspieße stecken. Erst die Zucchini anbraten, 2 Minuten auf jeder Seite, bis sie gerade weich, aber noch hellgrün sind, und warmstellen. Dann die Lammspieße unter gelegentlichem Drehen 10–15 Minuten braten, bis sie braun und knusprig aussehen und das Fleisch in der Mitte noch leicht rosafarben ist.

5. Den Hummus auf Servierteller geben und zu einer glatten Schicht streichen. Die Zucchinischeiben in der Mitte arrangieren, dann das Lamm von den Spießen schieben und obenauf legen. Die verbleibende Chermoula-Soße darüber träufeln und mit ein paar abgezogenen Kräuterblättern garnieren, dann sofort servieren.

Energie 529 kcal/2205 kJ; Protein 42,7 g; Kohlenhydrate 17,9 g – davon 6,7 g Zucker; Fett 32,3 g – davon 7,9 g gesättigt; Cholesterin 111 mg; Kalzium 149 mg; Ballaststoffe 5,5 g; Natrium 882 mg

Spinat-Süßkartoffel-Börek

Blätterteighäppchen werden in der Türkei und in Syrien an jeder Straßenecke verkauft; sie können in kleine, mundgerechte Dreiecke geschnitten sein oder zu Zigarren gerollt, aber es gibt sie auch in größerem Format. Die Pasteten in diesem Rezept haben eine Hummusschicht als Grundlage, die dann mit gebratener Süßkartoffel, roter Zwiebel, Spinat und Feta belegt wird. Nehmen Sie den schlichten Hummus aus dem Grundrezept, oder gerne auch einen aromatisierten wie etwa mit gegrillter Aubergine (siehe Seite 42) oder mit gerösteten Paprika (siehe Seite 54).

FÜR 6 PERSONEN
Zubereitungszeit: 20 Minuten
Kochzeit: 38–40 Minuten

2 kleine Süßkartoffeln, geschält und in Würfel geschnitten
1 rote Zwiebel, halbiert und in dünne Scheiben geschnitten
2 EL Olivenöl
¼ TL Paprika geräuchert oder Chilipulver
¼ TL Kreuzkümmelsamen, grob zerstoßen
Salz
110 g Babyspinat
40 g Butter, plus extra zum Einfetten
270 g bzw. 6 Blätter gekühlter oder gefrorener Filoteig, aufgetaut
225 g Hummus (siehe Seite 36) oder Hummus nach Wahl
100 g gekochte Linsen aus der Dose, abgetropft
100 g Fetakäse, abgetropft
1 TL Sesamsamen
1 TL Schwarzkümmelsamen, optional

1. Den Backofen auf 200 °C vorheizen. Die Süßkartoffeln und die Zwiebel in eine Bratpfanne geben, mit dem Öl beträufeln und mit dem Paprika- oder Chilipulver, den Kreuzkümmelsamen und ein wenig Salz bestreuen. 20 Minuten braten, das Gemüse nach 10 Minuten wenden.

2. Den Spinat in die Bratpfanne geben, im Bratsud wenden, dann 3–5 Minuten braten, bis die Blätter gerade zusammengefallen sind. Springförmchen in der Größe 6 x 12 cm mit Butter einfetten.

3. Die Butter in einer kleinen Pfanne schmelzen und zur Seite stellen. Die 6 Teigblätter ausbreiten und jedes davon in 2 Quadrate schneiden. Jedes Quadrat mit ein wenig geschmolzener Butter bepinseln, dann in eine Springform legen, das zweite Quadrat leicht schräg zum ersten obenauf.

4. Ein Sechstel des Hummus auf den in der Springform ausgelegten Teig geben, dann ein Sechstel der Linsen und schließlich ein Sechstel des gebratenen Gemüses obenauf legen. Mit ein wenig zerkrümeltem Feta bestreuen, dann den Teig über die Füllung schlagen. Alles wiederholen, bis 6 Böreks entstanden sind.

5. Die Oberseiten der Böreks mit der zur Seite gestellten Butter bestreichen und mit den Samen bestreuen. Etwa 15 Minuten backen, bis die Oberseiten goldbraun und die Unterseiten kross und goldgelb sind. 10 Minuten abkühlen lassen, dann lockern und aus den Förmchen nehmen. Warm oder kalt servieren, mit Salat als Beilage.

Energie 410 kcal/1720 kJ; Protein 11,8 g; Kohlenhydrate 52 g – davon 7,3 g Zucker; Fett 18,7 g – davon 7,2 g gesättigt; Cholesterin 26 mg; Kalzium 191 mg; Ballaststoffe 6,9 g; Natrium 565 mg

Gemüse-Tarte

Es bereitet keine großen Mühen, diese wunderbare Tarte zu machen. Rollen Sie einfach ein Päckchen Fertig-Blätterteig aus, schneiden Sie ihn zurecht und geben Sie ihn in den Backofen. Was könnte einfacher sein!

FÜR 6 PERSONEN
Zubereitungszeit: 20 Minuten
Kochzeit: 30 Minuten

200 g Zucchini, in Scheiben geschnitten
1 orangefarbene Paprika, geviertelt, entstielt und entkernt
1 rote Paprika, geviertelt, entstielt und entkernt
100 g Fenchelknolle, in Stücke geschnitten, mit Fenchelgrün
2 EL Olivenöl
1 Stängel frischer Rosmarin, Nadeln vom Stängel gezogen
ein wenig grobkörniges Meersalz
320 g bzw. 1 fertig gerollte Lage Blätterteig
ein wenig geschlagenes Ei zum Glasieren
175 g Kirschtomaten, halbiert
350 g Hummus (siehe Seite 36) oder Hummus nach Wahl
ein wenig gehackte frische Petersilie, zum Garnieren

1. Den Backofen auf 200 °C vorheizen. Die Zucchini, den Paprika und den Fenchel in einen Bräter geben, mit dem Öl beträufeln und mit dem Rosmarin und ein wenig Salz bestreuen. 20 Minuten braten.

2. Inzwischen den Blätterteig als großes Rechteck ausrollen und auf ein leicht geöltes Backblech legen. 2,5 cm vom äußeren Rand einklappen und das kleinere innere Rechteck mit einer Gabel mehrmals anstechen. Den Teig leicht mit geschlagenem Ei bestreichen, dann 15 Minuten backen.

3. Das Gemüse wenden und die Kirschtomaten in den Bräter geben. Das innere Teigrechteck niederpressen, um eine Tortenform zu bilden, dann sowohl das Gemüse als auch den Teig nochmals 10 Minuten in den Ofen stellen.

4. Den fertig gebackenen Blätterteig auf ein Schneidebrett legen. Das innere Teig-Rechteck mit dem Hummus bestreichen. Die Paprikaschoten schälen, falls gewünscht, dann in mundgerechte Stücke schneiden. Das gebratene Gemüse auf dem Hummus arrangieren. Mit dem aufgesparten Fenchelgrün und der gehackten Petersilie bestreuen. In Stücke geschnitten mit Salat servieren.

> **TIPP**
> Sie können gerne auch ein wenig Chermoula-Soße (siehe Seite 30) oder Tarator-Soße (siehe Seite 31) zubereiten und über die Tarte träufeln.

Energie 373 kcal/1555 kJ; Protein 9 g; Kohlenhydrate 32,1 g – davon 7,2 g Zucker; Fett 24 g – davon 7,5 g gesättigt; Cholesterin 30 mg; Kalzium 74 mg; Ballaststoffe 4,5 g; Natrium 564 mg

Sesam-Hühnchen mit Gemüse

Dieses Gericht ist nicht nur außerordentlich geschmackvoll, sondern es enthält auch noch alles, was eine gesunde Mahlzeit ausmacht: eine bunte Mixtur aus nährstoff- und antioxidantienreichen Gemüsesorten, Hühnchenfleisch und Kichererbsen mit jeder Menge Proteinen, gesunden Fetten und guten Kohlehydraten.

FÜR 4 PERSONEN
Zubereitungszeit: 20 Minuten
Marinierzeit: 30 Minuten
Kochzeit: 20–22 Minuten

500 g Hühnerbrustfilet, in lange, dünne Streifen geschnitten
3 EL Olivenöl
Saft von ½ Zitrone
2 Knoblauchzehen, fein gehackt
1 TL Kreuzkümmelsamen, grob zerstoßen
1 TL Koriandersamen, grob zerstoßen
4 TL Sesamsamen
Salz und Cayennepfeffer
150 g Brokkoli, geputzt und in dünne Streifen geschnitten
200 g Spargel, geputzt
175 g Kirschtomaten, halbiert
450 g Hummus (siehe Seite 36) oder Hummus nach Wahl

1. Das Hühnchen in eine Plastikdose oder eine Schüssel geben, mit 2 EL von dem Öl und dem Zitronensaft beträufeln, dann den Knoblauch, die zerstoßenen Kreuzkümmel- und Koriandersamen, die Sesamsamen, ein wenig Salz und Cayennepfeffer hinzufügen und alles gut mischen. Mit einem Deckel schließen und im Kühlschrank mindestens 30 Minuten kalt stellen, damit das Fleisch die Aromen annimmt.

2. Eine große antihaftbeschichtete Bratpfanne erhitzen, das Hühnchen hineingeben und gleichmäßig verteilen. 10–12 Minuten anbraten, ein- oder zweimal wenden, bis alles gleichmäßig gebräunt und das Hühnchen so durchgegart ist, dass keine rosa Säfte mehr entstehen. Nach 5 Minuten den Brokkoli zufügen. Alles aus der Pfanne nehmen und in einer Schüssel zur Seite stellen, nach Möglichkeit warm halten.

3. Falls nötig, ein wenig extra Öl in die Pfanne geben, dann den Spargel hineingeben und 3 Minuten unter Rühren anbraten, bis er gerade weich ist. Die Tomaten zufügen und 1–2 Minuten erhitzen. Dann das Hühnchen wieder in die Pfanne geben und erneut erhitzen, falls nötig.

4. Den Hummus auf die Servierteller streichen. Mit dem Gemüse und dem Hühnchen belegen und sofort servieren.

GUT FÜR DIE GESUNDHEIT

Je dunkler die Brokkoliröschen sind, desto mehr Vitamin C und Betacarotin (das der Körper in Vitamin A umwandelt) enthalten sie. Darüber hinaus enthält Brokkoli auch wertvolle Indole und Stickstoffverbindungen, die helfen können, die DNA vor Schäden zu schützen und so das Krebsrisiko verringern.

Energie 481 kcal/2009 kJ; Protein 42,7 g; Kohlenhydrate 16,4 g – davon 5,2 g Zucker; Fett 27,6 g – davon 4 g gesättigt; Cholesterin 88 mg; Kalzium 179 mg; Ballaststoffe 7,6 g; Natrium 840 mg

BROTE ZUM DIPPEN

Nichts ist so herrlich wie der Duft von selbstgebackenem Brot, das gerade aus dem Ofen kommt. Das Vermengen und Kneten des Teigs ist zudem ein therapeutischer Akt (und ein Spaß für die Kinder, wenn sie mitmachen).

Bereiten Sie den Teig zu und lassen Sie ihn gehen, während die Kichererbsen für den Hummus kochen. Und wenn Sie nicht viel Zeit haben, backen Sie Fladenbrote: Diese werden in der Pfanne gebraten, und da sie keine Hefe enthalten, müssen sie auch nicht aufgehen.

Ekmek

Im Mittelmeerraum findet man unzählige Versionen von Fladenbrot. Dieses türkische Landbrot ähnelt der italienischen Focaccia und ist mit Sesamsamen bestreut, aber Sie können auch Mohn- oder Schwarzkümmelsamen sowie Zahtar-Gewürzmischung ausprobieren. Man kann wunderbar eines oder zwei von den Broten gleich essen und das dritte in Folie wickeln und für ein anderes Mal einfrieren; einfach im Ofen aufwärmen und servieren – fertig.

FÜR 3 BROTE
Zubereitungszeit: 25 Minuten
Gehzeit: 1 ½ Stunden
Backzeit: 15 Minuten

500 g Weißmehl Typ 550
1 TL Salz
2 ½ TL Trockenbackhefe
1 EL klarer Honig
4 EL Olivenöl
300 ml warmes Wasser
3 EL Sesamsamen

1. Das Mehl, das Salz und die Hefe in einen Mixer mit Knethaken oder eine Rührschüssel geben. Den Honig und die Hälfte des Olivenöls zugeben, dann nach und nach genug warmes Wasser einmischen, bis ein weicher Teig entsteht.

2. 5 Minuten kneten, bis der Teig sehr glatt und elastisch ist, entweder im Mixer oder auf einer leicht eingemehlten Arbeitsfläche. Den Teig in eine Schüssel geben, mit eingeölter Klarsichtfolie umwickeln und an einem warmen Ort etwa 1 Stunde gehen lassen, bis er sich im Umfang verdoppelt hat.

3. Den Teig mit der Faust nach unten drücken, aus der Schüssel nehmen und auf eine leicht eingemehlte Arbeitsfläche geben. In 3 gleichgroße Stücke schneiden, dann jedes zu einer glatten Kugel rollen. Jedes Stück zu einer runden Scheibe von etwa 20 cm Durchmesser ausrollen.

4. Die Brote je nach Größe auf 2 oder 3 leicht geölte Backbleche legen. Lose mit geölter Klarsichtfolie bedecken und wieder 30 Minuten an einen warmen Ort stellen, bis sie gut aufgegangen sind. Inzwischen den Backofen auf 220 °C vorheizen.

5. Die Brote mit dem verbleibenden Öl leicht bestreichen. Jedes Brot viermal parallel einschneiden, dann weitere viermal im rechten Winkel zu den ersten Schnitten. Mit den Sesamsamen bestreuen und etwa 15 Minuten backen, bis sie goldbraun sind und die Brote beim Antippen hohl klingen. Auf ein Kuchengitter legen und leicht abkühlen lassen, dann warm servieren mit Hummus und Salat.

Energie 813 kcal/3428 kJ; Protein 18,4 g; Kohlenhydrate 135,7 g – davon 8,7 g Zucker; Fett 25,5 g – davon 4 g gesättigt; Cholesterin 0 mg; Kalzium 334 mg; Ballaststoffe 8,5 g; Natrium 664 mg

Lavash

Diese großen Fladenbrote sind dünner und knuspriger als andere und sind ideal, um Hummus aufzutippen. Sie sind mit Hirse bestreut, aber Sesamsamen bzw. zerstoßene Kreuzkümmel- oder Koriandersamen gehen genauso. Am besten isst man die Brote noch warm aus dem Ofen. Reste können immer in eine Frischhaltedose gesteckt und für eine andere Gelegenheit eingefroren werden.

Für 10 Stück
Zubereitungszeit: 35 Minuten
Gehzeit: 1 ½ Stunden
Backzeit: 5–7 Minuten

500 g Weißmehl Typ 550
1 TL Salz
1 TL Feinzucker
2 ½ TL Trockenbackhefe
2 EL Olivenöl
300 ml warmes Wasser
2 EL Milch, zum Glasieren
2 EL Hirsesamen

1. Das Mehl, das Salz, den Zucker und die Hefe in einen Mixer mit Knethaken oder eine große Rührschüssel geben. Das Olivenöl und nach und nach genug warmes Wasser zugießen, um einen weichen Teig herzustellen.

2. Den Teig im Mixer oder auch auf einer leicht eingemehlten Oberfläche 5 Minuten kneten, bis er glatt und elastisch ist. Dann in eine Schüssel geben, mit geölter Klarsichtfolie überziehen und an einen warmen Ort stellen und etwa 1 Stunde gehen lassen, bis er sich im Umfang verdoppelt hat. Den Backofen auf 220 °C vorheizen.

3. Den Teig mit der Faust nach unten drücken, dann aus der Schüssel nehmen und auf eine leicht eingemehlte Arbeitsfläche geben. In 10 Stücke schneiden, jedes zu einer Kugel formen. Jedes Teigstück auf der leicht eingemehlten Arbeitsfläche zu einer groben Scheibe von etwa 15–18 cm Durchmesser dünn ausrollen. Auf leicht eingemehlte Backbleche geben. Lose mit geölter Klarsichtfolie bedecken und 20–30 Minuten gehen lassen, bis er sich aufbläht.

4. Die Klarsichtfolie von den Broten schälen, die Oberseiten mit der Milch bestreichen und mit den Samen bestreuen. 5–7 Minuten backen, bis die Brote leicht bauschig und gebräunt sind.

FÜR PITABROTE

Das Lavash-Rezept kann genauso gut für die Herstellung von Pitabroten verwendet werden. Den gegangenen Teig in dieselbe Stückzahl schneiden, aber dann zu kleineren, dickeren Ovalen etwa in der Größe einer Hand formen. Auf vorgeheizten Backblechen 5–10 Minuten backen, bis die Brote leicht braun getönt sind.

Energie 210 kcal/887 kJ; Protein 5,3 g; Kohlenhydrate 39,3 g – davon 1,2 g Zucker; Fett 4,6 g – davon 0,7 g gesättigt; Cholesterin 0 mg; Kalzium 90 mg; Ballaststoffe 2,4 g; Natrium 199 mg

Brotsticks

Das Kneten und Formen von Brot hat etwas sehr Tröstliches. Ermutigen Sie die Kinder, es auch einmal zu versuchen, es macht wirklich nichts aus, wenn die Sticks unterschiedlich in der Dicke sind.

FÜR ETWA 32 STÜCK
Zubereitungszeit: 35 Minuten
Gehzeit: 1 ½ Stunden
Backzeit: 6–8 Minuten

500 g Weißmehl Typ 550
1 TL Salz
1 TL Feinzucker
2 ½ TL Trockenbackhefe
2 EL Olivenöl
300 ml warmes Wasser
2 EL Sesamsamen
1 EL gehackte frische Rosmarinblätter
2 TL Fenchelsamen
ein wenig geschlagenes Ei, zum Glasieren
ein paar Salzflocken, optional

1. Das Mehl, das Salz, den Zucker und die Hefe in einen elektrischen Mixer mit Teighaken oder in eine große Rührschüssel geben. Das Öl zufügen und nach und nach genug warmes Wasser eingießen, um einen weichen Teig herzustellen.

2. 5 Minuten kneten, bis der Teig sehr glatt und elastisch ist, entweder im Mixer oder auf einer leicht eingemehlten Arbeitsfläche. Den Teig in eine Schüssel geben, mit der geölten Klarsichtfolie bedecken und an einen warmen Ort etwa 1 Stunde zum Gehen stellen, bis er sich im Umfang verdoppelt hat.

3. Den Teig mit der Faust nach unten drücken, dann aus der Schüssel heben und auf eine leicht gemehlte Arbeitsfläche heben. Gut kneten, dann in 4 Stücke schneiden. Eines der Stücke natur belassen, in das zweite Teigstück die Sesamsamen, in das dritte den Rosmarin und in das letzte Stück die Fenchelsamen kneten.

4. Den natur belassenen Teig in 8 Stücke schneiden, dann jedes Stück zu einer etwa 25 cm langen Stange rollen. In leichter Entfernung zueinander auf einem leicht geölten Backblech arrangieren. Dies mit den anderen gewürzten Teigstücken wiederholen, sodass am Ende 32 Brotstangen entstehen.

5. Die Brotstangen mit einer leicht geölten Klarsichtfolie abdecken und an einem warmen Ort etwa 30 Minuten gehen lassen, bis sie gut aufgegangen sind. Den Backofen auf 220 °C vorheizen.

6. Die Klarsichtfolie entfernen, die Brotstangen mit ein wenig geschlagenem Ei bestreichen und die natur belassenen Stangen mit ein wenig Salz bestreuen, falls gewünscht. 6–8 Minuten backen, bis sie goldgelb sind. Die Brotstangen mit einer Spachtel lösen und auf einem Kuchengitter abkühlen lassen.

Energie 66 kcal/277 kJ; Protein 1,7 g; Kohlenhydrate 12,3 g – davon 0,4 g Zucker; Fett 1,5 g – davon 0,2 g gesättigt; Cholesterin 0 mg; Kalzium 32 mg; Ballaststoffe 0,7 g; Natrium 62 mg

Schnelle Fladenbrote ohne Hefe

Wir kennen alle den Moment, wenn man in den Brotkorb greift und ihn leer vorfindet. Mit diesem schnellen Rezept hat das ein Ende. Diese einfachen Fladenbrote sind halb mit Vollkorn- und halb mit Weißmehl gemacht und da das Triebmittel schon im Mehl drin ist, wird keine Hefe benötigt. Sie müssen nicht mal den Ofen anschalten, sondern können sie in ein paar Minuten in einer großen, leicht geölten Bratpfanne anbraten, bis auf der Oberseite Luftblasen und auf der Unterseite Brandflecken erscheinen.

FÜR 4 STÜCK
Zubereitungszeit: 10 Minuten
Ruhezeit: 15 Minuten
Backzeit: 15 Minuten

75 g Vollkornmehl mit Backpulverzusatz
75 g Weißmehl mit Backpulverzusatz
1 Prise Salz
½ TL Kreuzkümmelsamen, grob zerstoßen
100–120 ml kaltes Wasser
1 EL Sonnenblumenöl

1. Das Mehl, das Salz und die Kreuzkümmelsamen in einen Mixer geben. Nach und nach gerade genug Wasser eingießen, um einen weichen, aber nicht klebrigen Teig zu erhalten. Sanft zu einer glatten Kugel kneten, dann zurück in die Rührschüssel legen, mit einem sauberen Geschirrtuch abdecken und 15 Minuten beiseitestellen.

2. Den Teig in 4 Stücke schneiden und jedes Stück auf einer leicht gemehlten Oberfläche ausrollen, um eine grob geformte Scheibe von etwa 18 cm Durchmesser zu bilden.

3. Eine trockene, nicht-klebende Bratpfanne erhitzen, das Öl auf ein Stück Küchenpapier geben und damit die Bratpfanne einreiben, dann eines der Brote zugeben und auf moderater Hitze 2–3 Minuten anbraten, bis auf der Unterseite braune Brandflecken und auf der Oberseite Blasen erscheinen. Das Brot wenden und die zweite Seite 1 Minute anbraten.

4. Das Fladenbrot auf ein sauberes Geschirrtuch legen und warmhalten. Alles wiederholen, bis alle 4 Fladenbrote gebacken sind.

TIPP
Die Fladenbrote mögen gleich nach dem Backen ein wenig fest erscheinen, aber wenn man sie in ein sauberes Geschirrtuch wickelt, bleiben sie nicht nur warm, sondern man schließt auch den Dampf ein, der die Brote weicher macht.

Energie 147 kcal/621 kJ; Protein 4,2 g; Kohlenhydrate 26,6 g – davon 0,7 g Zucker; Fett 3,4 g – davon 0,4 g gesättigt; Cholesterin 0 mg; Kalzium 34 mg; Ballaststoffe 3 g; Natrium 1 mg

Glutenfreie Zahtar-Fladenbrote

Diese einfach herzustellenden Fladenbrote sind mit Kichererbsen- und Reismehl gebacken, die beide glutenfrei sind. Da der Teig keine Hefe enthält, muss er nur 15 Minuten ruhen, bevor er schnell in der Pfanne ausgebacken werden kann.

FÜR 12 STÜCK
Zubereitungszeit: 30 Minuten
Ruhezeit: 15 Minuten
Backzeit: 15 Minuten

200 g Kichererbsenmehl, gesiebt
150 g Reismehl
½ TL Salz
½ TL Xanthan, optional
1 EL Zahtar-Gewürzmischung
  (siehe Seite 29)
25 g Butter, geschmolzen
250–300 ml kaltes Wasser
2–3 EL Sonnenblumenöl

1. Das Kichererbsenmehl und dann das Reismehl in eine Schüssel sieben, das Salz und das Xanthan dazugeben, falls gewünscht. Die Zahtar-Gewürzmischung einrühren. Die Butter zugeben, dann nach und nach genug Wasser zugießen, um einen weichen, leicht klebrigen Teig herzustellen. Die Schüssel mit einem Geschirrtuch bedecken und 15 Minuten stehen lassen.

2. Den weichen Teig aus der Schüssel heben und in 12 Stücke schneiden. Eines der Stücke zwischen zwei Lagen Klarsichtfolie oder Backpapier zu einem grob geformtem Oval von 10 cm Länge ausrollen. Mit einem zweiten Teigstück wiederholen.

3. Ein wenig Öl in einer großen Bratpfanne erhitzen, die Klarsichtfolie oder das Backpapier abschälen und die beiden ausgerollten Teigovale in die Pfanne geben. 2–3 Minuten anbraten, einmal umdrehen, bis braune Flecken zu sehen sind.

4. Aus der Pfanne nehmen und in einem sauberen Geschirrtuch warmhalten. Die restlichen Fladenbrote ausrollen und anbraten, dann stapeln, bis alle durchgebacken sind. Noch warm mit Hummus servieren.

GUT FÜR DIE GESUNDHEIT

Zöliakie wird oft missverstanden und von vielen für eine Lebensmittelallergie oder Nahrungsmittelintoleranz gehalten, obwohl es sich tatsächlich um eine Autoimmunerkrankung handelt. Der Körper reagiert auf Gluten, das meist in Weizen und manchen Getreiden zu finden ist, als wäre es eine fremde Substanz, sodass vitale Nährstoffe nicht vom Körper aufgenommen werden können. Benutzen Sie bei glutenfreiem Kochen immer ein getrenntes Set mit Hackbrettern, Schüsseln etc., um jede Gelegenheit zur Kreuzkontamination mit weizenbasierten Speisen zu vermeiden.

Energie 135 kcal/565 kJ; Protein 2,4 g; Kohlenhydrate 23 g – davon 0,3 g Zucker; Fett 3,9 g – davon 1,3 g gesättigt; Cholesterin 4 mg; Kalzium 27 mg; Ballaststoffe 1 g; Natrium 14 mg

Zimtapfel-Hummus-Muffins

Diese süße Leckerei aus dem Ofen wird nicht etwa mit Hummus als Beilage gegessen, sondern der Hummus wird schon hineingebacken! Er verleiht diesem kinderleicht herzustellenden Lunchbox-Dessert einen kräftigen Proteinschub und sorgt dafür, dass Sie keine extra Butter oder Öl hinzufügen müssen. Da mit Reismehl gemischt, sind diese Muffins glutenfrei, und wenn Sie die Milch mit Ihrer Lieblings-Nussmilch ersetzen, müssen Sie sich auch keine Gedanken über Laktose machen.

FÜR 12 STÜCK
Zubereitungszeit: 15 Minuten
Backzeit: 20 Minuten

110 g Hummus (siehe Seite 36) oder Hummus nach Wahl ohne Knoblauch
3 Eier
120 ml Milch
1 TL Vanilleextrakt
1 Apfel, entstielt, aber nicht geschält, grob geraspelt
1 kleine Banane, geschält und mit einer Gabel zerdrückt
150 g Reismehl
1 TL glutenfreies Backpulver
1 TL gemahlener Zimt
75 g leichter Muscovado-Zucker oder Feinzucker
2 EL Sonnenblumen- oder Kürbissamen, optional

1. Den Backofen auf 190 °C vorheizen. Eine Muffinform mit 12 Mulden mit Quadraten aus Backpapier oder mit Papierförmchen auslegen, oder auch jede Mulde der Form mit ein wenig Öl einpinseln.

2. Den Hummus, die Eier, die Milch und die Vanille in eine Schüssel geben und mit einer Gabel vermischen, dann den Apfel und die Banane einrühren. In einer zweiten größeren Schüssel das Reismehl, das Backpulver, den Zimt und den Zucker hineingeben und alles miteinander verrühren. Die feuchten Zutaten dann zu den trockenen geben, mit einer Gabel verrühren, bis sie gut durchmischt sind, dann in die Fächer der eingeölten Muffinform gießen.

3. Die Oberseiten mit den Samen bestreuen und etwa 20 Minuten backen, bis sie schön aufgegangen und an der Oberseite leicht aufgebrochen sind. 5 Minuten abkühlen lassen, dann die Muffins mit einem Messer lockern und herausholen, auf einem Kuchengitter abkühlen lassen. Am besten innerhalb von 24 Stunden nach dem Backen servieren.

Energie 132 kcal/553 kJ; Protein 3,9 g; Kohlenhydrate 22,2 g – davon 11,1 g Zucker; Fett 3,1 g – davon 0,7 g gesättigt; Cholesterin 58 mg; Kalzium 29 mg; Ballaststoffe 1,1 g; Natrium 89 mg

Register

A
Auberginen-Harissa-Hummus 42

B
Blumenkohl-Hummus 92
Bohnen-Oliven-Hummus 82
Bohnen-Thunfisch-Hummus 80
Brotsticks 136
Butter-Knoblauch-Hummus 38

C
Chermoula-Lamm mit Zucchini 122
Chermoula-Soße 30
Couscous mit Aubergine 116

E
Ei auf überbackenem Fladenbrot 108
Ekmek 132
Erbsen-Hummus, sommerlicher 86

F
Favabohnen-Avocado-Hummus 84
Fladenbrote ohne Hefe, schnelle 138

G
Gemüse-Tarte 126
Grünkohl-Hummus 74
Grünkohl-Hummus-Bruschetta 94

H
Harissa 28
Honig-glasierte Hähnchenspieße 118
Hummus, Grundrezept 26
Hummus, traditioneller 36
Hummus, schneller 64
Hummus mit Butternusskürbis 40
Hummus-Feta-„Pizzen" 106
Hummus-Salat in Schichten 96
Hummus-Spezial-Lunchbox 98

J
Joghurt-Hummus 60

K
Karotten-Hummus, würziger 68
Kidneybohnen-Chili-Hummus 78
Kräuter-Fleischklößchen 112
Kräuteröl-Hummus 58

L
Lavash 134

M
Mais-Bohnen-Hummus 76
Mehrkorn-Hummus 52
Mungobohnen-Hummus 88
Musabaha 114

N
Nuss-Hummus 56

P
Paprika-Hummus 54

R
Rinderhackfleisch, würziges 120
Rote-Bete-Bohnen-Hummus 70
Rote-Bete-Hummus-Sandwich 100

S
Sesam-Hühnchen mit Gemüse 128
Spinat-Hummus 44
Spinat-Süßkartoffel-Börek 124
Steak-Hummus-Wrap 102
Süßkartoffel mit Hummus 104

T
Tahini 23
Tarator-Soße 31
Tomaten-Hummus 48

W
Walnuss-Tarator-Hummus 46
Weiße-Bohnen-Feta-Hummus 72

Z
Zahtar-Butter-Hummus 66
Zahtar-Fladenbrote, glutenfreie 140
Zahtar-Gewürzmischung 29
Zimtapfel-Hummus-Muffins 142
Zwiebel-Hummus 50

Bildnachweis:
shutterstock: Anna Poguliaeva 4–143; Elena Eryomenko 2; white bear studio 99

Erstveröffentlichung unter dem Titel:
„The Hummus Cookbook"
© Lorenz Books, ein Imprint von
Anness Publishing Ltd, 2017

Genehmigte Lizenzausgabe
tosa GmbH
Industriestraße 19
64407 Fränkisch-Crumbach 2019
www.tosa-verlag.de

Übersetzung: Elvira Bittner
Fotografie: William Shaw
Food Styling: Sara Lewis
Props Styling: Pene Parker

Layout, Satz- und Umschlaggestaltung:
design cat GmbH

ISBN 978-3-86313-839-4

Der Inhalt dieses Buches wurde von Autor und Verlag sorgfältig erwogen und geprüft. Es kann keine Haftung für Personen-, Sach- und/oder Vermögensschäden übernommen werden.

Kein Teil dieses Werkes darf ohne schriftliche Einwilligung des Verlages in irgendeiner Form (inkl. Fotokopien, Mikroverfilmung oder anderer Verfahren) reproduziert oder unter Verwendung elektronischer oder mechanischer Systeme verarbeitet, vervielfältigt oder verbreitet werden.